国家文化遗产与文化发展研究（2022年）

主编 程焕文

执行主编 肖 鹏

中山大学出版社
·广州·

版权所有　翻印必究

图书在版编目（CIP）数据

国家文化遗产与文化发展研究. 2022年/程焕文主编；肖鹏执行主编. —广州：中山大学出版社，2023.1
ISBN 978-7-306-07716-5

Ⅰ.①国… Ⅱ.①程… ②肖… Ⅲ.①文化遗产—中国—文集 ②文化发展—中国—文集 Ⅳ.①K203-53 ②G12-53

中国国家版本馆 CIP 数据核字（2023）第 023196 号

GUOJIA WENHUA YICHAN YU WENHUA FAZHAN YANJIU（2022 NIAN）

出 版 人：王天琪
策划编辑：李海东
责任编辑：李海东
封面设计：曾　斌
责任校对：赵　婷
责任技编：靳晓虹
出版发行：中山大学出版社
电　　话：编辑部 020-84110283，84113349，84111997，84110779，84110776
　　　　　发行部 020-84111998，84111981，84111160
地　　址：广州市新港西路135号
邮　　编：510275　传　真：020-84036565
网　　址：http://www.zsup.com.cn　E-mail：zdcbs@mail.sysu.edu.cn
印 刷 者：恒美印务（广州）有限公司
规　　格：787mm×1092mm　1/16　16.25 印张　250 千字
版次印次：2023年1月第1版　2023年1月第1次印刷
定　　价：80.00元

如发现本书因印装质量影响阅读，请与出版社发行部联系调换

本书编委会

主　　编：程焕文
执行主编：肖　鹏
编　　委：王　昊　曾　文　谢依霖
　　　　　林　明　张　靖　王　蕾
　　　　　唐　琼　周　旖

（中山大学国家文化遗产与文化发展研究院研究团队）

目　录

一、重点调研报告

广东省"十四五"时期公共文化服务体系发展策略研究报告简报
　…………………………………………… 程焕文教授课题组 3
广州建设全球区域文化中心城市的若干问题探讨
　………… 张　靖　赵　心　廖嘉琦　谢燕洁　任佳艺 23
中国城市图书馆发展研究
　——基于2018年度业务统计数据的分析
　………………………………… 唐　琼　潘　颖　虞　婷 44
公共图书馆年度报告信息质量指数（2018年简报）
　………………………………………………… 肖　鹏　王　影 73

二、公共文化研究

新时代中国图书馆的未来发展趋势 ………………… 程焕文 87
四重视角下的公共图书馆时代使命 ………………… 方家忠 97
基层公共文化服务
　——来自南海区图书馆总分馆服务体系的报告 ……… 陈　渊 107
公共图书馆参与文化精准扶贫的路径选择 ………… 严贝妮 122
基层公共图书馆服务供给能力提升策略探析
　——基于东莞市视角 ………………………………… 李保东 133

三、文献遗产整理

《资本论》珍稀版本研究
　　——中山大学图书馆藏《资本论》的学术价值
　　………………………………………………… 张　琦　谢小燕 145
中国经典推荐书目的传统及其当代价值 ………… 熊　静 181
关于法藏汉籍目录编纂的几点思考 ……………… 刘　蕊 195

四、文献遗产保护

环境温湿度对文献耐久性的影响 ………………… 闫智培 209
古籍用纸信息备案库的构建与应用 ……………… 蔡梦玲 224
含铝纸质文献降解机理研究及防护建议
　　………………… 何　贝　任俊莉　张春辉　刘传富　樊慧明 235

一、重点调研报告

广东省"十四五"时期公共文化服务体系发展策略研究报告简报

程焕文教授课题组[①]

中山大学信息管理学院、中山大学国家文化遗产与文化发展研究院，
广州，510006

摘　要：报告总结了"十三五"时期广东公共文化服务体系建设的成就并分析当前面临的挑战，在实地调研和文献调研的基础上，结合国家"十四五"规划、广东省建议以及粤港澳大湾区发展规划，对"十四五"时期广东公共文化服务体系建设提出了建议。广东在制定"十四五"公共文化服务体系发展规划时应将建成"中国一流、世界一流"的公共文化服务体系作为目标和愿景，重点推进"体系、质量、效能、网络、融合"建设，使公共文化服务体系更加完善，质量更加提高，效能更加提升，网络更加智慧，融合更加广泛。

关键词：公共文化服务体系；"十四五"规划；广东

"十四五"时期是全面建成小康社会、实现第一个百年奋斗目标之后，乘势而上开启全面建设社会主义现代化国家新征程、向第二个百年奋斗目标进军的第一个五年。在此关键时期，如何贯彻落实党中央的战略部署，以推动高质量发展为主题，实现广东公共文化服务体系建设更高质量、更有效率、更加公平、更可持续的发展是需要深入思考的重大课题。

受广东省文化和旅游厅委托，中山大学国家文化遗产与文化发展研究院程焕文教授课题组开展了广东省"十四五"时期公共文化服务体

[①] 程焕文教授课题组：程焕文、周旖、肖鹏、付婷、黄恺慧、李滨钰、林嘉欣、刘逸佳、刘仲茵、倪焯慧、潘乾、谭翔尹、王安妮。

系发展策略研究，通过实地调研等方式调查了广东省"十三五"时期建设情况，以此为基础结合国家发展远景目标纲要、广东省远景目标建议和粤港澳大湾区发展规划，对"十四五"时期广东省公共文化服务体系的发展提出了建议。现将研究成果报告如下。

1 "十三五"时期广东省公共文化服务体系建设取得的成就与面临的挑战

"十三五"时期是基本建成现代公共文化服务体系的冲刺阶段，《中华人民共和国国民经济和社会发展第十三个五年规划纲要》把"公共文化服务体系基本建成"纳入"十三五"时期经济社会发展主要目标之一。广东省聚焦公共文化领域重点改革任务，在全省公共文化服务体系建设领域取得了一系列的成就。

1.1 公共文化服务体系建设取得的成就

广东省委、省政府高度重视公共文化服务体系建设，"十三五"时期积极推动基本公共文化服务标准化、均等化，引导文化资源向城乡基层倾斜，创新公共文化服务方式，丰富公共文化产品供给，提升公共文化服务水平，建设成就集中体现为以下几个方面：①公共文化政策法规体系完善全面（图1）；②公共文化财政投入位居全国前列（图2）；③公共文化设施五级网络全面覆盖（图3、图4）；④公共文化产品关键指标全国领先（表1、图5）。

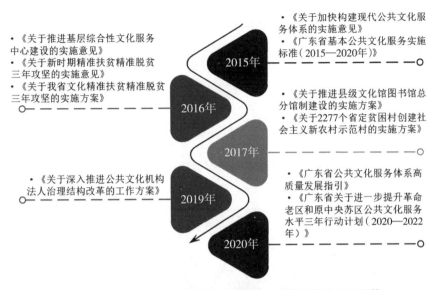

图1 "十三五"期间广东省出台的公共文化服务相关重要政策

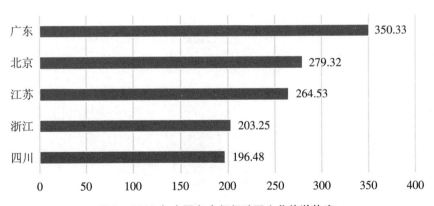

图2 2019年全国各省级行政区文化旅游体育与传媒支出TOP 5（单位：亿元）

截至2019年12月底,基本实现省、市、县、镇、村五级公共文化设施全覆盖

公共图书馆 149
文化馆 145
博物馆 221
综合文化站 1610
综合性文化服务中心 25865

图3　2019年广东省公共文化设施数量(单位:个)

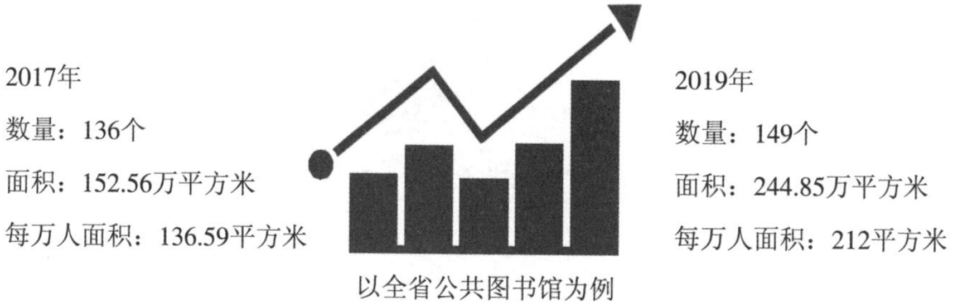

2017年
数量:136个
面积:152.56万平方米
每万人面积:136.59平方米

以全省公共图书馆为例

2019年
数量:149个
面积:244.85万平方米
每万人面积:212平方米

图4　"十三五"期间广东省公共图书馆发展关键数据比较

表1　广东省与其他发达地区公共图书馆总藏量对比

单位:万册(件)

年份	全国	北京	天津	上海	江苏	浙江	广东
2019	111181	3012	2099	8063	9887	9433	16568.43
2018	103716	2876	1867	7894	9323	8608	13972.9
2017	96953	2759	1662	7773	8598	7813	12017.21

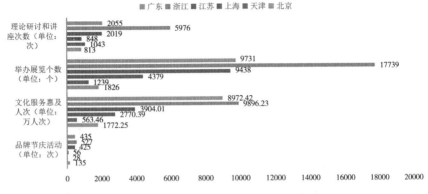

图5　2019年广东省与其他发达地区群众文化机构文化产品对比

1.2　公共文化服务体系建设面临的挑战

1.2.1　常住人口数量庞大，关键指标人均占有量偏小

广东常住人口数量庞大，多年位居全国第一。因此，尽管广东多项公共文化服务关键指标位居全国前列，但各关键指标的人均占有量偏小（表2）。

表2　广东省每万人拥有群众文化设施建筑面积

单位：平方米

年份	北京	天津	上海	江苏	浙江	广东
2019	428.1	276.7	570.2	757.9	840.9	369.2
2018	429.3	273.1	588.0	620.8	785.1	351.9
2017	396.1	248.8	587.8	504.0	744.0	353.7

1.2.2　人口学特征差异化，服务对象多层次、多元化

人口数量庞大带来的另一显著的人口学特点，决定了广东公共文化服务对象的多层次、多元化特点。这一特点具体体现在农村与城镇人口分布、受教育程度等方面。

1.2.3 省内区域发展失衡，公共文化服务水平两极分化

珠江三角洲属于经济发达地区，粤东、粤西、粤北则属于经济欠发达地区，经济发展水平差异带来各地区公共文化服务发展水平的差距（图6）。

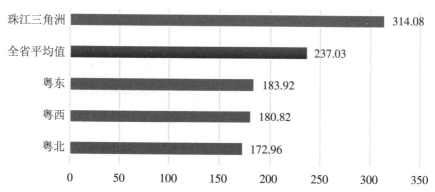

图6 2019年广东省各地区人均文化旅游体育与传媒支出（单位：元）

1.2.4 设施建设整体较弱，基层文化服务质量深度广度不足

2020年8月，中山大学信息管理学院的调查团队采用非随机的立意抽样法，对广东42个基层［行政村（社区）］综合性文化服务中心进行了达标情况的调研。调研发现整体上设施建设可算作达标的中心仅有7个（详细达标情况见表3）。

表3 广东省42个基层综合性文化服务中心调研指标达标情况

单位：个、%

调研指标	达标数	达标比例
建筑设施	2	4.76
阅读设施	6	14.29
文化活动设施	2	4.76
服务效能	3	7.14
宣传设施	21	50.00
场地与器材（体育健身）	2	4.76
人员设置	19	45.24

2 广东省基层公共文化服务发展与需求调研

为了解当前广东省基层综合性文化服务中心的建设情况，发现当下文化服务中心在硬件设施建设中存在的不足和需要改进之处，对"十四五"时期的综合性文化服务中心建筑设施的建设规划制定以及具体实践建设提供参考，2020 年 8 月，中山大学信息管理学院的调查团队采用非随机的立意抽样法，对佛山、深圳、江门、汕头、梅州、阳江、湛江、茂名、揭阳等地 42 个基层综合性文化服务中心进行了达标情况的实地调研。调研报告在对调研对象达标建设状况以及民众需求和获得感情况进行系统分析的基础上，总结了广东省基层综合性文化服务中心建设取得的成就与面临的挑战。

2.1 基层综合性文化服务中心建设取得的成就

2.1.1 基本设立情况较好，个别功能指标建设完成度较高

本研究对所抽选的 9 个城市的 42 个基层综合性文化服务中心进行实地调研，对其中的 1 个中心的存在存疑——没有相应的指标建设，其他调研地点都建设有基层综合性文化服务中心或者党群服务中心，并能够对服务范围内的居民提供文化娱乐服务。在测评的功能指标建设方面，建筑设施指标建设完成度较高，同时，宣传设施功能建设有一半中心完全达标。

2.1.2 个案建设突出，优秀建设经验可供借鉴

在实地调研过程中，结合基层综合性文化服务中心周边居民、村民们的访谈回答，研究发现，一些中心总体建设优异，不仅指标建设的完成度较高，还形成了自身发展的优秀模式，为群众提供了良好的文化服务。这些基层综合性文化服务中心的优秀工作经验可以为以后的基层文化服务发展提供借鉴。

2.1.3 形成建设品牌，呈现良好示范效应

除了基层综合性文化服务中心建设的优秀个案，一些地方在"十三五"期间形成了基层综合性文化服务中心建设品牌，呈现了良好的示范效应。

2.2 基层综合性文化服务中心建设面临的挑战

2.2.1 设施问题：设施缺乏、利用低效，设备陈旧、维护不及时

基层综合性文化服务中心建设最突出问题是设施问题。设施问题主要表现为文化设施和基础设施缺乏，对现有设施的使用不够充分。同时，设施设备陈旧、维护不及时等问题也需要引起警惕。

2.2.2 服务问题：空间不足限制功能发挥，服务内容单一无趣

首先，服务提供存在功能空间限制的原因，主要有三个方面，分别为空间狭小、空间被占用和空间闲置。其次，服务中心的服务内容类型单一、无趣，在一定程度也影响了中心文化服务的提供。

2.2.3 效能问题：宣传不善、知名度低，服务开放时间不足

效能问题上，许多基层综合性文化服务中心由于宣传不善导致了中心知名度低，继而导致服务效能难以良好发挥。开放时间不足也是形成效能问题的另一原因。

2.2.4 规划问题：建筑建设独立性差，与周边环境匹配度低

建筑设施的独立程度影响着基层综合性文化服务中心的规划建设以及功能发挥。中心的地理位置和周边环境在一定程度上影响了居民前往中心获取文化服务的意愿。

2.2.5 保障问题：支撑资金不够充裕，人员管理低效、亟待改编

资金不充裕是基层综合性文化服务中心建设的不足之一。人员管理问题体现在三个方面：一是管理人员消极服务，不能积极向居民宣传各

种文化服务活动；二是管理人员身兼数职，甚至疑似挂名；三是普遍缺乏专业管理人才，同时中心又缺乏对工作人员的专业培训，甚至一些管理人员对自己中心的服务功能也不甚了解。

3 "十四五"时期公共文化服务体系建设的发展方向

3.1 "十四五"时期广东省公共文化服务体系建设相关重要政策

对《中华人民共和国国民经济和社会发展第十四个五年规划和2035年远景目标纲要》（以下简称《"十四五"规划》）、《中共广东省委关于制定广东省国民经济和社会发展第十四个五年规划和二〇三五年远景目标的建议》、《"十四五"时期公共文化服务体系建设规划（讨论稿）》、《"十四五"时期文化和旅游发展规划（讨论稿）》和《粤港澳大湾区发展规划纲要》五份重要文件进行深度分析，发现这些文件都指明了"十四五"时期公共文化服务体系建设的方向："十四五"期末，公共文化服务布局更加均衡，公共文化服务水平显著提高，公共文化服务供给方式更加多元，公共文化数字化网络化智能化发展取得新突破。

3.2 公共文化服务体系建设发展方向研究动态

对"十三五"时期公共文化服务体系建设研究领域相关的期刊论文、报纸文章、会议论文等进行文献调查检索，通过对最终检索及筛选后所得的299篇论文进行通读，将"十三五"时期图书情报领域内关于"公共文化服务体系建设"的论文按研究主题进行了分类（表4）。结果显示，公共文化服务体系的"公共文化服务效能"是最主要的研究主题，超过1/5的论文涉及该研究主题；其次是"公共数字文化服务""社会力量参与""政策研究""基层公共文化服务"4个研究主题。

表 4 "十三五"时期公共文化服务体系建设研究核心期刊论文研究主题统计

单位：篇、%

研究主题	论文数量	百分比
标准化、均等化建设	16	5.35
公共文化服务效能	66	22.07
基层公共文化服务	39	13.04
评估指标体系	9	3.01
社会力量参与	41	13.71
公共数字文化服务	59	19.73
体制机制	12	4.01
文旅融合	5	1.67
学科建设	5	1.67
政策研究	41	13.71
总分馆建设	6	2.01

3.3 "十四五"时期广东省公共文化服务体系建设的重点发展任务

3.3.1 推进城乡公共文化服务体系一体化建设

统筹城乡公共文化建设，推进城乡公共文化服务体系一体化，也就是要推动公共文化服务机构、设施及其服务体系化，实现同一城市或地区公共文化服务的资源共建共享，缩小城乡差距，促进城乡公共文化服务协同发展。

3.3.2 提升公共图书馆功能转型升级，广泛开展全民阅读

为适应高质量发展要求，要推动公共图书馆向"以人为中心"转型，建设开放、智慧、包容、共享的现代图书馆，要把图书馆建设成区域文献支持中心和融入人民群众日常生活的高品质文化空间、文化社交中心。

3.3.3 全面深化文化馆供给侧改革，繁荣群众文艺

繁荣群众文艺，在于坚持以人民为中心的创作导向，创作深入生

活、扎根人民的优秀作品，不断提高文艺作品质量，在保障人民基本文化权益、满足人民日益增长的美好生活需要等方面发挥着重要作用。文化馆要坚持全面深化供给侧改革，提供丰富多样的文化产品和服务。

3.3.4 提高公共文化服务效能，推动融通融合发展

公共文化服务效能评估及其提升是地方公共文化服务机构的工作重点目标，只有在服务成效上有所提升，公共文化服务工作才算得上落到了实处。而文化与科技、教育、旅游等领域的融通融合也是国家建设指引的方向所在，实现多领域融通融合有利于资源凝聚整合，也有利于公共文化服务效能的提升。"十三五"时期，随着国家的机构改革和社会治理创新，文旅融合成为新的研究和实践领域，也是公共文化服务未来发展的新趋势。文化与旅游融合发展有利于公共文化机构与旅游公共服务设施实现资源共建、优势互补，优化公共文化服务发展生态，也是下一阶段工作的重点。

3.3.5 推动公共文化服务社会化发展

公共文化服务社会化发展主要是提高社会力量或社会成员在公共文化服务建设中的参与度。政府可以通过购买公共文化服务、创新社会力量参与公共文化服务方式、提升文化志愿服务规模和质量等方式推动公共文化服务的社会化程度。推动公共文化服务社会化可以繁荣公共文化服务领域，增强发展活力，同时也对实现"主客共享"的公共文化服务建设体系很有助益，所以也是"十四五"时期的重点任务。

3.3.6 推动公共文化服务数字化建设

公共文化服务数字化建设是互联网时代公共文化服务创新升级的必然要求。公共文化服务数字化建设包括三个方面的内容：一是公共文化服务内容数字化，二是公共文化服务模式数字化，三是公共文化服务运营数字化。

3.3.7 推进公共文化服务区域均衡发展

推动广东省内公共文化服务区域均衡发展是保障公民享有基本文化

权利的要求,也是促进公共文化服务均等化的体现。"十三五"时期,广东省珠江三角洲地区和粤东西北地区的公共文化服务水平仍然存在较大差异。"十四五"时期,广东省政府应从多方面、多角度推动公共文化服务区域均衡发展。

4 "十四五"时期广东省公共文化服务体系建设的发展目标

4.1 近期目标与远期愿景

广东作为粤港澳大湾区中的重要责任主体,在制定"十四五"公共文化服务体系发展规划时,应该具备更开阔的视野和更长远的眼光,近期目标应定位为建成"中国一流的公共文化服务体系",远期愿景应定位为建成"世界一流的公共文化服务体系"。

4.2 "十四五"时期广东省公共文化服务指标体系的构建

根据公共文化服务构成的各个要素以及《粤港澳大湾区发展规划纲要》和《"十四五"规划》中提到的公共文化服务重点建设方向,在"十三五"指标体系的基础上,我们重新构建了广东省"十四五"公共文化服务指标体系(详见附件)。

该指标体系以高质量发展为目标,坚持主体针对性、地区差异化、测量具体化原则,责任落实到主体,充分考虑区域之间的不平衡性,以量化标准为主,以客观事实和数据为依据,量化细化标准,在实际应用中更加具有科学性和可操作性。

该指标体系的亮点和特色在于:首次加入了公共数字文化和文旅融合两个一级指标,和公共文化设施、公共文化服务产品、人员配置、业务培训共同组成了该指标体系的六个维度。

5 "十四五"时期广东省公共文化服务体系发展策略

5.1 更加完善：公共文化服务体系建设重点策略

5.1.1 构建以省市馆为中心馆的总分馆体系

为更好地发挥总分馆体系的服务效能与制度优势，应完善以省市馆为中心馆的总分馆体系建设，加强省馆在粤东西北地区总分馆体系中的引领、指导作用，珠江三角洲地区发达城市应该加强市中心馆的引导地位，减轻省馆压力，逐步建立省、市、县（区）、镇、村五级总分馆服务体系，加强对基层服务点扶持、支撑，提升各级服务效能。

5.1.2 推进全覆盖的新型阅读空间建设

广东省在"十四五"期间应高水平建设一批体现广东特色、国际水平的重大文化设施，结合新型城镇化、美丽乡村、城市更新建设，规划建设新型城市文化空间、阅读空间；对于已有雏形的"粤书吧"，加强其品牌化建设并宣传推广。阅读空间打破行政区域限制，因地制宜融合互联网、数字阅读、艺术展览、文化沙龙等内容于一体，使得公共文化服务布局更加均衡，公共文化服务供给能力进一步增强，提高省内民众对于公共文化服务的知晓度、参与度和满意度。

5.1.3 提升对社会力量参与的管理水平和引导能力

要始终坚持把社会效益放在首位，坚持"政府主导、社会参与"的原则，明晰各方职责，完善准入、激励、监管机制，提高资源配置，拓展服务方式和范围，进一步鼓励、引导、创新探索社会力量参与公共文化服务。

5.2 更加提高：公共文化服务质量发展重点策略

5.2.1 "以人为中心"提升图书馆、文化馆的服务效能

深入贯彻落实习近平总书记重要指示精神，将公共图书馆建设成为滋养民族心灵、培育文化自信的重要场所。适应高质量发展要求，推动

公共图书馆向"以人为中心"转型，建设开放、智慧、包容、共享的现代图书馆。

以群众基本文化艺术需求为导向，推进全民艺术普及，提高群众审美品位，使艺术融入日常生活。培育一批长期活跃在基层、深受群众喜爱的群众文艺骨干和优秀团队，带动群众性文化活动的广泛开展。

5.2.2 原中央苏区、革命老区和少数民族地区公共文化提升计划

"十四五"期末，公共文化服务总体水平进一步提升，同时兼顾贫困地区和少数民族地区的公共文化服务发展。健全基层公共文化设施网络，加快补齐公共文化基础设施短板；建立灵活机动的流动服务网络，促进公共文化服务精准对接；推动老少边贫地区群众文化活动蓬勃发展。

5.2.3 全面推进基层公共文化服务达标建设

"十四五"期末，要建成标准化程度更高、均衡化程度更深的公共文化服务体系。基层公共文化服务建设要做到设施、人才、文献信息多维度达标，以标准化促进公共文化服务高质量发展。

5.2.4 创新图书馆、文化馆评估方式

"十四五"期间，建立健全公共图书馆、文化馆的质量评估体系，构建多元化的评估体系，进一步提高公共图书馆、文化馆考核评估的客观性和准确性。

5.3 更加广泛：公共文化服务融合发展重点策略

5.3.1 稳步推进文化和旅游公共服务机构功能融合试点工程

抓好文化和旅游公共服务机构功能融合试点工作，树立一批有代表性和推广价值的典型案例，在广东省内打造一批文化旅游新载体，不断巩固优势叠加、双生共赢的良好局面。进行旅游公共服务文化内涵质量提升、文化传播的旅游载体形式创新和文旅公共服务融合发展品牌培育。

5.3.2 挖掘粤港澳大湾区资源优势，探索"湾区融合"和"跨域融合"

打造同源同根文化的交流、传承、促进、发展的平台和机制，推动粤港澳大湾区的文化合作，形成粤港澳"文化共生"和"文化融合"的广泛共识，提升大湾区发展的参与感和归属感，增进大湾区的协同性和包容性，开创融合新格局。

5.3.3 打通部门与行业壁垒，实现"跨界融合"

设计能够有效推进各类不同公共文化服务机构之间更高质量、更高效率、更可持续地实现部门协作、硬件共享、软件联动的融合协调机制，推动广东省公共文化各部门各行业的融合发展，推进基层公共文化服务与新时代文明实践中心的融合发展等。

5.4 更加智慧：公共数字文化服务发展重点策略

5.4.1 借助数字化提升公共文化服务水平

结合新基建加快推进公共数字文化的发展，推广"互联网＋公共服务"，建设智慧图书馆、智慧文化馆服务体系，提升全民阅读、全民艺术普及数字化水平。试点推进智慧博物馆建设。完善数字文化资源供给，加强移动互联网文化传播和数字文化服务推广。

5.4.2 加大资源整合力度，利用"粤省事"提供便利的公共文化服务

以"粤省事"小程序为依托，推动公共文化服务功能上线，完善和整合公共文化资源和区域特色文化资源，实现群众"按需点单"和"一站式"服务。打造覆盖全省的艺术普及公共服务平台、艺术普及资源总库、艺术普及文创中心、公共文化和旅游产品交易中心。

5.4.3 注重应用新技术，建设智慧图书馆、智慧文化馆

"十四五"期间，探索应用人脸识别、自然语言处理、大数据、机器人等智慧手段开展服务，实现图书馆与文化馆在空间、资源、服务、

管理等方面全面智慧化升级，不断缩小城乡"数字鸿沟"和群体"数字鸿沟"，为现代公共文化服务在新时代赢得更加广阔的发展空间。

附件 广东省"十四五"公共文化服务指标体系

一级指标	二级指标	三级指标内容或评价标准		"十四五"目标值	
公共文化设施	场馆建设	每万人室内公共文化设施面积/平方米		1600	
		县级及以上公共图书馆每万人均面积/平方米	珠江三角洲	280	
			粤东西北	145	
		文化馆评估定级比例	珠江三角洲	一级馆	100%
			粤东西北	二级馆	100%
		乡镇（街道）建有单独设置的综合文化站或配备有综合文化站功能的设施		*	
		县级以上设立非遗展览展示场所		*	
		行政村（社区）综合性文化服务中心文化活动室累计面积/平方米		200	
		为公共文化场馆免费开放配置必要的器材设备和文化资源		*	
		公共博物馆、公共美术馆、电影院、演艺场馆等依据标准进行规划建设		*	
	辅助设施	各级公共文化场馆为残障人士配置无障碍设施		*	
	流动设施	县级配备有流动文化车		*	

续表

一级指标	二级指标	三级指标内容或评价标准	"十四五"目标值	
公共文化服务产品	设施开放	公共图书馆每周开放时长/小时	地市	64
			区（县）	54
			乡镇（街道）	49
			村（社区）	42
			地市级少年儿童图书馆/图书室	46
			县级少年儿童图书馆/图书室	42
		少年儿童图书馆/图书室周六、周日和寒暑假期间每天开放时长/小时		8
		文化馆每周开放时长、文化站、行政村（社区）综合性文化服务中心每周开放时长/小时	地市	56
			区（县）	49
			乡镇（街道）	42
			村（社区）	35
		博物馆、美术馆全年开放时长/日	公共博物馆、美术馆	240
			非国有博物馆、美术馆	180
		公共图书馆、文化馆、博物馆、美术馆错时开放占总开放时间比例	≥1/3	
	阅读服务	乡镇（街道）、村（社区）设立公共图书馆（室），配备图书、报刊和电子书刊，并免费提供借阅服务	*	
		人均公共藏书量/册	1.5	
		人均年新增藏书量/册	0.1	
		全省公共图书馆年流通人次/万人次	15570	
		全省公共图书馆为读者举办各类活动参加人次/万人次	3720	
		村（社区）综合文化服务中心（含农家书屋）藏书量	1500种/1800册	
		村（社区）综合文化服务中心（含农家书屋）年新增藏书量	60种/100册	

续表

一级指标	二级指标	三级指标内容或评价标准	"十四五"目标值	
公共文化服务产品	阅读服务	县级公共图书馆、乡镇（街道）综合文化站（室）年人均新增藏书量/册	0.03	
		县级以上政府每年举办持续时间不少于2天的全民阅读活动/次	1	
	广播影视	广播节目/套	直播卫星	17
			无线模拟	6
			数字音频	15
		电视节目/套	直播卫星	25
			地面数字电视	17
			未数字化地区	5
		行政村电影放映每年数量/场	12	
		为中小学生放映爱国主义教育影片数量/部	2	
	文体活动	村（社区）提供文体活动/次	4	
	文艺活动	为农村乡镇居民提供文艺演出/场	5（含地方戏曲1）	
		基础性的文化艺术知识普及和培训服务/类	文化馆	5
			文化站	3
			综合文化服务中心	1
	陈列展览	基本陈列设置/个	公共的或由财政支持开放的民办博物馆、纪念馆、美术馆	2
		专题陈列展览/次		3
	特色文化发展	当地历史文化沿革、风土人情、历史人物、非遗展示展览活动/次	2	
	特殊群体服务	各级公共图书馆应采取便利方式为视障人士提供阅读服务，配置盲文书籍	*	
		未成年人、老年人、现役军人、残疾人和低收入人群参观文物建筑及遗址类博物馆实行门票减免，文化遗产日免费参观	*	
		针对残障人士、未成年人、老年人和农民工等特殊群体文体活动/场	2	

续表

一级指标	二级指标	三级指标内容或评价标准		"十四五"目标值	
公共数字文化	数字资源	每年向公众免费提供数字出版物/种		1000	
		全省年均自建资源量/TB		20	
		全省公共文化场馆网站（平台）年访问人次/亿人次		4.8	
		地市级公共文化场馆网站（平台）访问人次与该市人口数比例/%	珠江三角洲	均值	6.5
				最小值	1
			粤东西北	均值	1.2
				最小值	0.65
		地市根据自身特色建立特色数据库/个		1	
	数字服务	市级以上每年组织数字化培训/次		1	
		县级以上文化馆对接国家公共文化云、省文旅公共服务平台和广东数字文化联盟平台/个		1	
		乡镇（街道）、村（社区）建有标准配置的公共电子阅览室或文化共享工程服务点/个		1	
		各级公共文化设施内免费提供免费Wi-Fi		*	
		各级公共图书馆实现读者身份统一认证及馆藏书目统一检索		*	
文旅融合	粤书吧	建筑面积/（平方米/间）		50	
		展阅书籍量/（册/间）		1000	
		图书资源购置费占补助金额比例		≥50%	
	设施融合	全省公共文化设施创建A级景区数量/个		50	
	服务融合	基层综合性文化服务中心与旅游服务中心融合试点建筑面积/平方米		8	
		日常运转所需及购买服务等支出占补助资金比例		≤50%	
		开展惠民巡演每年数量/场		100	
	人员融合	各地市组建文旅志愿者团队/支		5	

续表

一级指标	二级指标	三级指标内容或评价标准	"十四五"目标值
人员配置	无	公共文化机构按照职能和当地人力资源社会保障、编办等部门核准的编制数配齐工作人员/名	1
		行政村（社区）综合文化服务中心配备文体协管员或文化管理员/名	1
		乡镇（街道）综合文化站每站配备专职从业人员/名	1
业务培训	无	县级以上公共文化机构从业人员每年参加脱产培训时间/日	15
		乡镇（街道）和村（社区）文化专兼职人员每年参加集中培训时间/日	5
		新聘用文化专职人员专题培训时间/日	10

注：表中目标值列中的"＊"代表"有"。

广州建设全球区域文化中心城市的若干问题探讨[①]

张 靖 赵 心 廖嘉琦 谢燕洁 任佳艺

广州文化遗产与文化发展研究基地、中山大学国家文化遗产与文化发展研究院，广州，510006

摘 要：本文以广州建设全球区域文化中心城市为问题导向，以实现广州区域文化资源配置能力的提升为目标，在确定广州建设全球区域文化中心城市的新定位和框定广州所属文化区域的基础上，对有关全球城市的评价指标体系进行梳理，采用逻辑归纳法和逻辑演绎法，构建了全球区域文化中心城市文化资源配置能力指标体系。该指标体系主要包括文化基础资源配置能力、文化产业资源配置能力和文化传播资源配置能力三个方面。为建设成全球区域文化中心城市，广州应以以上三方面的文化资源配置中心建设为抓手，实现自身文化资源配置能力的提升。

关键词：文化中心城市；粤港澳大湾区；文化资源配置能力

2018年广东省委十二届四次全会首次提出广州要抓住粤港澳大湾区建设重大历史机遇，建设全球区域文化中心城市。随后，广州市委十一届五次全会确定了"打造全球区域文化中心城市"的广州文化发展战略新目标。这一目标首先是广州此前作为"国家中心城市"，打造"国际性大都市"和"世界历史文化名城"的文化建设思路的延续，同时体现了广州学习贯彻习近平总书记视察广东重要讲话精神的文化建设理论进展，以及将广州文化建设纳入"一带一路"和粤港澳大湾区建设的文化建设格局提升。

[①] 本文系广州市哲学社会科学规划2019年度课题（课题编号：2019GZZK02）研究成果之一。

本文将就广州建设全球区域文化中心城市的新时期新定位、广州所处文化区域框界、全球区域文化中心城市文化资源配置能力以及广州提升文化资源配置能力的措施等若干问题进行初步探讨。

1 新时期广州建设全球区域文化中心城市的新定位

"全球区域文化中心城市"是指能够在一个或若干个国际文化区域范围内对文化资源的利用、布局和流向进行高效集聚、融合、创新和辐射的中心城市。[1]与世界文化名城一样,全球区域文化中心城市需拥有丰富的物质和非物质文化遗产资源;与之不同,全球区域文化中心城市更强调城市对于自身以及所处文化区域范围内的文化资源的配置能力,更关注城市通过文化资源配置在所处文化区域范围内的文化软实力的实现成效。因此,新时期广州建设全球区域文化中心城市应有与过往世界历史文化名城建设、与竞争城市文化建设不一样的全新定位。

第一,广州全球区域文化中心城市的建设应观照文化的"双向辐射",向内提升广州的文化国际性和多元性,向外展示以广州为代表的中国文化自信;在新时期应以向外展示广州的文化自信、扩大广州的区域乃至全球文化影响力为重点。

第二,广州全球区域文化中心城市的建设应自觉纳入国家粤港澳大湾区、"一带一路"重大倡议,确定重点辐射范围以精准发力,同时支撑和助益同属于建设内容的经济、社会、生态、科技、教育发展,充分发挥文化软实力潜能。

第三,广州全球区域文化中心城市的建设应注重文化交流与传播的科学性,在交流与传播的文化内容建设上"以我为主",在交流与传播的路径和方式建设上则应以文化辐射的效果为目标,细分受众、精准用力、落地落实。

第四,广州全球区域文化中心城市的建设应具有时代感和现代性,特别应该以文化科教有力配合、文化旅游全面结合、文化科技深度融合为手段,面向新生代文化受众,创新文化交流与传播的实践和模式。

第五,广州全球区域文化中心城市的建设应面向文化资源配置,以若干中心的建设为抓手,以避免因"文化"之抽象而带来的建设之"无的"。

2 粤港澳大湾区和"一带一路"建设视角下广州所处的文化区域

粤港澳大湾区建设是我国一项重要战略,融创新发展、区域发展和新型城市化于一身。粤港澳大湾区包括香港特别行政区、澳门特别行政区和广东省广州市、深圳市、珠海市、佛山市、惠州市、东莞市、中山市、江门市、肇庆市。广州作为其中的中心城市之一,将充分发挥国家中心城市和综合性门户城市的引领作用,全面增强国际商贸中心、综合交通枢纽功能,培育提升科技教育文化中心功能,着力建设国际大都市。[2]粤港澳大湾区是我国"一带一路"建设的重要支撑。"一带一路"涵盖了中国经中亚、俄罗斯至欧洲,中国经中亚至波斯湾、地中海,中国至东南亚、南亚、印度洋的广大区域。其中,海上丝绸之路重点方向是从中国沿海港口过南海到印度洋,延伸至欧洲,从中国沿海港口过南海到南太平洋。[3]粤港澳大湾区地理位置优越,港口众多,其中不少是远洋港口,"全球超过30%的海运和我国近70%的海运都要经过南海,粤港澳大湾区连接南海,背靠中国大陆,面向东南亚,是我国唯一地处南海的经济核心区"[4],也因此成为21世纪海上丝绸之路建设的主要依托。

结合粤港澳大湾区、"一带一路"重大倡议,我们可以大致对广州所处的文化区域进行框定。广州所处的文化区域有狭域和广域之分:狭域的广州所处文化区域可由岭南文化辐射区域和粤港澳大湾区地理区域复合框界得出,广域的广州所处文化区域可由海上丝路文化辐射区域、广东南洋移民区域和"一带一路"地理区域复合框定得出。

3 全球区域文化中心城市文化资源配置能力

如前所述,全球区域文化中心城市是指能够在一个或若干个国际文化区域范围内对文化资源的利用、布局和流向进行高效集聚、融合、创新和辐射的中心城市。[1]由此，文化资源配置能力是其中的核心概念。我们认为，全球区域文化中心城市的文化资源配置能力是指一个城市能够在其所处的文化区域范围内，根据国家和区域的经济建设、政治建设、文化建设、社会建设和生态文明建设需求，对区域文化资源进行资源配置的能力。

3.1 相关指标体系述评

广州建设全球区域文化中心城市在学理上属于文化测度研究领域，与其中特别关注文化竞争力的城市竞争力研究相关。全球区域文化中心城市首先应是一个全球城市，是一个具有文化中心地位的全球城市。目前，关于全球城市的主要评价指标体系包括：拉夫堡大学全球化和世界城市研究网络（Globalization and World Cities Research Network）[5]、科尔尼全球城市指数（A. T. Kearney Global Cities Index）[6]、日本森纪念财团全球城市实力指数（The Mori Memorial Foundation Global Power Cities Index）[7]、香港桂强芳全球竞争力研究会/中外城市竞争力研究院的GN全球城市竞争力评价指标体系[8]等，其中均有指向文化的组成指标，且文化测度在各指标体系中的重要性日益受到重视。另有世界城市文化论坛（World Cities Culture Forum）的世界城市文化报告调查指标体系[9]、中国传媒大学文化发展研究院的"中国城市文化竞争力指数"[10]、上海发展研究院的全球城市文化资源配置力评价指标体系[11]等，则是城市文化竞争力测度的专门指标。

经分析比较，我们认为以下五个指标体系对于全球区域文化中心城市文化资源配置能力评估最具参考价值，并在表1中对其文化相关指标进行梳理。

表 1 五个指标体系中的文化相关指标

指标体系	一级指标	二级指标	三级指标
全球城市指数	文化积累	视觉与表演艺术、博物馆、体育活动、国际游客、美食、友好城市	—
全球城市实力指数	文化交流	交流及文化宣传力	国际会议数、世界级文化事件数、文化内容输出额
		文化资源	创作环境、世界遗址可接近性、文化互动机会
		揽客设施	剧院和音乐厅数量、博物馆数量、体育馆数量
		游客吸引力	宾馆客房数、旅馆数量、购物吸引力、美食吸引力
		国际交流	外国居民数量、国际游客数量、留学生数量
世界城市文化报告	创意人才	外国移民数量、每年国际游客数量、留学生数量、专业文化建设、专业艺术与设计机构学生数量、综合学校中艺术与设计课程学生数量、社区中心、创意产业就业率	—
	文化与自然遗产	联合国教科文组织认定的世界遗产、其他遗产或历史遗址、公共绿化空间占比、博物馆数量、排名前五的博物馆与美术馆参观人数、排名前五的艺术展日均参观人数	
	表演艺术	剧院数量、剧院观众人数、剧院演出数量、剧院售票收入、音乐厅数量、现场音乐场所、节日与庆典、主要节庆参观人数、表演艺术与舞蹈排练空间、非专业舞蹈学校、音乐演出数量、舞蹈演出数量	

续表

指标体系	一级指标	二级指标	三级指标
世界城市文化报告	电影与游戏	电影院数量、电影院屏幕数量、电影节、每年电影院观众数量（或观影人次）、主要电影节观众人数、每年电影院门票收入、电子游戏商业街数量	—
	文化活力	公共图书馆数量、美术馆数量、书店数量、酒吧数量、夜间俱乐部数量、餐厅数量、文化中心数量、艺术家工作室数量、市场	
中国城市文化竞争力指数	文化禀赋要素	文化资源要素、城市综合要素	—
	文化经济要素	文化生产要素、文化消费要素、文化企业要素	
	文化管理要素	文化组织要素、文化设施要素	
	文化潜力要素	文化创新要素、文化素质要素	
	文化交流要素	文化传播要素、文化开放要素	
全球城市文化资源配置力评价指标体系	文化基础资源配置力	传统文化资源	世界文化和自然遗产数、其他遗产/遗址数、宗教建筑数
		文化基础设施	博物馆数、公共美术馆和画廊数、每10万人图书馆占有、剧院数、每百万人口影院屏幕数
	文化产业资源配置力	文化产业资源投入	文化产业公司数、著名实验室和科研中心数、人均研发支出GDP比重、文化产业从业人员占总就业人口的比重

续表

指标体系	一级指标	二级指标	三级指标
全球城市文化资源配置力评价指标体系	文化产业资源配置力	文化产业资源产出	文化产业增加值、旅游业增加值、年影片发行数、年图书出版数
	城市文化国际配置力	国际性文化教育配置力	世界200强大学数、科技人才指数、公共图书馆提供外文报刊的数量、国际论文发表数量、国际专利数量
		城市文化国际影响力	大型嘉年华/节庆活动估计参与人次占总人口比重、进入世界前100名品牌的数量、国际文化产业领军50强企业总部所在城市数、进入世界日报发行量前100名的数量、举办国际会议次数、最受欢迎电影节参加人数
	城市文化活力	城市文化消费	音乐CD年销售量、电影院票房收入、每千人拥有的酒吧数、大型剧场年人均入场次数、剧院年度总票房收入
		城市文化活动	音乐表演年均演出场次、城市艺术节和庆典活动年举办次数、大型国际体育赛事举办次数、电影节数量、舞蹈演出场次
	城市文化吸引力	文化包容与国际沟通	入境境外游客数、外国留学生人数、非本国出生人口占城市人口比重、国际友好城市数量、影院上映外语片数量
		国际组织及跨国公司	联合国机构及主要国际组织总部数、世界500强跨国公司总部数、广告媒体业中的跨国公司数

续表

指标体系	一级指标	二级指标	三级指标
全球城市文化资源配置力评价指标体系	城市文化保障配置力	城市文化基础保障	公共教育投入水平、专业文化高等教育机构数、广播电台数、业余舞蹈学校数量
		政府文化支持与管理	文教费用占财政支出的比例、知识产权保护指数、司法系统与产权保护

3.2 全球区域文化中心城市文化资源配置能力指标体系构建

我们认为，全球区域文化中心城市文化资源配置能力可以划分为区域文化中心城市文化基础资源配置能力、区域文化中心城市文化产业资源配置能力、区域文化中心城市文化传播资源配置能力三个组成部分。其中，区域文化中心城市文化基础资源配置能力是指一个城市所拥有的文化基础资源及其在所处文化区域范围内进行文化基础资源配置的能力，具体可通过表1中的文化积累、文化资源、文化与自然遗产、文化禀赋要素等指标予以反映；区域文化中心城市文化产业资源配置能力是指一个城市所拥有的文化产业资源及其在所处文化区域范围内进行文化产业资源配置的能力，具体可通过表1中的创意产业就业率、文化经济要素、文化产业资源配置力等指标予以反映；区域文化中心城市文化传播资源配置能力是指一个城市所拥有的文化传播资源及其在所处文化区域范围内进行文化传播资源配置的能力，具体可通过表1中的交流及文化宣传力、文化交流要素等指标予以反映。

根据上述界定，采用逻辑归纳法和逻辑演绎法，初步构建全球区域文化中心城市文化资源配置能力指标体系，如表2所示。

表2　全球区域文化中心城市文化资源配置能力指标体系（部分）

一级指标	二级指标	三级指标
文化基础资源配置能力	文化基础资源拥有	传统文化资源
		公共文化资源
		公共教育资源
	文化基础资源配置	文化基础资源合作联盟
		文化基础资源交流平台
文化产业资源配置能力	文化产业资源拥有	文化产业资源投入
		文化产业资源产出
	文化产业资源配置	文化产业资源合作联盟
		文化产业资源交流平台
文化传播资源配置能力	文化传播资源拥有	文化传播设施
		文化传播内容
	文化传播资源配置	文化传播资源合作联盟
		文化传播资源交流平台

4　以"三中心"建设为抓手，提升广州区域文化资源配置能力

广州全球区域文化中心城市的建设应面向文化资源配置，以"三中心"的建设为抓手。依据表2所示的全球区域文化中心城市文化资源配置能力指标体系，可从合作联盟和交流平台两个方面着手，通过区域文化基础资源配置中心、区域文化产业资源配置中心、区域文化传播资源配置中心的建设，全面系统提升广州在粤港澳大湾区和"一带一路"区域内的文化资源配置能力，成为这一区域的文化中心城市。

4.1 区域文化基础资源配置中心建设

4.1.1 牵头建立区域文化基础资源合作联盟

（1）公共文化服务基础资源联盟。公共文化服务是城市的重要文化基础资源，是城市居民享有文化权益的基本途径。借助广州完善的公共文化服务体系及其在这一领域的国际影响力，建立公共文化服务基础资源联盟，实现区域内各城市公共文化服务的互联互通，是广州成为区域文化中心城市的基本要求和重要体现。第一，建设区域图书馆联盟。广州应带头签署粤港澳区域图书馆以及"一带一路"区域图书馆合作协议，推进区域内各图书馆在馆际文献传递、通借通还、出版物交换、经费建设、科研协作等方面推进区域信息资源共建共享，实现跨地区、跨系统图书馆发展的优势互补[12]。第二，建设区域博物馆联盟。粤港澳大湾区以及"一带一路"地区拥有关联性较强的历史文化遗产资源，各区域内的博物馆应基于血脉相连的文化渊源，互换文物藏品，促进藏品流动，以共同的历史主题策展，共同展现区域内丰硕的文明成果，促进区域文化共识。第三，建设区域艺术场馆联盟。以美术馆、剧院等艺术场馆为主要建设对象，实施艺术场馆合作计划，通过艺术产品的相互捐赠、收藏、展示与传播，促进区域范围内的文化互鉴、文明共赏。第四，建设区域科技馆联盟。广州应继续推进粤港澳大湾区科技馆联盟的建设，并将相关经验应用于"一带一路"科技馆联盟建设中，使跨区域联盟充分发挥区域内科技馆的科技文化教育功能，共建公民科技文化研学与合作体系、共同开展科普理论研究、共同开发科技文化产品[13]等。

（2）科研与高等教育基础资源联盟。科研与高等教育关系着区域的科学技术创新发展水平和人才培养水平，能够辐射区域内的城市创新驱动发展。第一，广州应依托粤港澳大湾区已建立的高校联盟及教育协同发展联盟，通过高校重大创新平台及学校科研资源的开放共享、缔结姊妹学校等方式发挥联盟作用。第二，广州应牵头筹建粤港澳大湾区及"一带一路"区域高等教育协作委员会、实施阶段性的合作计划以及建立企业、大学和科研机构的联盟。[14]第三,广州具有优质的教育资源和历史悠久的特色教育品牌,港澳地区及"一带一路"沿线地区具有国际化的教育环境和先进的教学设施,各地需要充分发挥教育资源的辐射,通过学者互访、学生交换、课题合作、慕课共享共建、调研参观、专业实习等方式,加强区域内科研、高等教育方面的合作与交流,提升教育的国际化水平。第四,以粤港澳大湾区及"一带一路"区域内大学城为基础,通过加强自身教育水平以及与国内外高水平院校的合作,逐步建立高水平的大学集群,形成集聚效应,为地区人才培养、科技创新等提供有力支撑。第五,在高等教育的教学内容方面,广州可以与港澳及"一带一路"区域内的知名高校沟通合作,充分借鉴"一带一路"高校联盟的人才培育合作方式,引进国内外知名院校到广州合办高等教育机构(如香港科技大学广州校区),并在三地相关院校设立粤港澳大湾区及"一带一路"区域发展相关专业,达到培养专业人才的目的。第六,广州应顺势利用、融合"广深港澳"科技长廊的策略和"一带一路"的科技创新通道策略,打造国际科技创新中心,联动区域内高校、企业进行科研合作,将研发、制造和成果转化等一系列过程进行聚集,领头在全区域内形成完整的教育和科学研发链条。

4.1.2 牵头打造文化基础资源交流平台

(1)公共文化基础资源共享、交流与培训平台。广州可通过数字化服务手段延伸和拓展公共文化服务体系,联合粤港澳大湾区、"一带一路"区域各城市共建公共文化服务数字资源共享平台,为区域内居民提供不受地域限制的公共文化基础资源共享服务。第一,打造"互联网+粤港澳""互联网+'一带一路'"公共文化科技平台。如在公共数字文化方面建设粤港澳大湾区及"一带一路"公共文化云,对接港澳的公共文化服务,整合博物馆、图书馆、美术馆、文化馆、演出场馆等信息资源,解决地区间公共文化服务领域信息不联通的问题。在此基础上形成全新的文化生产、呈现与传播方式,将三地公共文化融合于数字化工具,合成新的文化价值。第二,定期开展区域内公共文化基础资源共享共建会议,发展联通各地的第三部门,推动各地区各文化机构共享文化基础设施、共同策划文化品牌活动，贯彻落实区域内文化交流合作机制，加强文化对话，培育多元文化。第三，搭建公共文化机构交流与培训平台。广州应积极承办粤港澳大湾区及"一带一路"区域内公共文化服务机构和单位的交流，建立互联培训机制与平台，牵头联合举办公共文化服务业务交流论坛、讲座、高级人才研修班等，在区域内引进国际知名度高、专业性强的交流项目与培训机会，建设区域内继续教育慕课共享网络平台，搭建大湾区继续教育平台，互学互鉴，鼓励人才流动，合力提升现代公共文化服务工作水平。[15]

（2）传统文化保护与传承平台。粤港澳大湾区及"一带一路"区域具有优秀的岭南文化传统以及海上丝绸之路文化传统，广州作为这两个区域的核心城市，需要肩负保护和传承优秀文化传统的责任。第一，广州可牵头拟订各地非物质文化遗产（以下简称"非遗"）合作框架协议，积极承办粤港澳三地及"一带一路"友好城市之间的非遗交流活动，推动各地非遗文艺展览、演出与互访，建立非遗联合目录，针对区域内特色非遗如粤剧、舞狮、武术、广绣等开办相关的演出及展览，唤醒区域的共同文化记忆。以非遗活动为纽带，不仅寻根溯源，挖掘出岭南非遗的精神内涵，还能通过创新创意，焕发粤港澳大湾区和"一带一路"区域传统文化的新魅力。第二，在粤港澳大湾区和"一带一路"区域内根据共同的文化特色建立非遗传承基地，形成规模效应，聚集非遗精神，挖掘非遗传承人，实现活态传承。对于许多濒临失传的优秀传统文化，需要保障传承渠道，通过利用非遗传承基地培育新一代非遗传承人，起到非遗文化保护的示范作用，避免优秀传统文化流失。第三，定期组织各地传统文化传承相关的学术研讨和交流论坛，在学术研究方面发挥专家作用，探讨非遗传承的科学路径与方法以及多专业学科视野下的非遗研究；在交流论坛中汇集非遗传承人与各国、各地区的民间群众，广泛地探讨交流非遗文化如何走出国门，以及新时代非遗文化如何创新，搭建"一带一路"区域各国及粤港澳大湾区非遗文化交流合作平台，弘扬工匠精神，增强各地人民文化认同，讲好中国故事和广州故事。[16]

4.2 区域文化产业资源配置中心建设

4.2.1 牵头建立文化产业资源合作联盟

文化产业支撑着文化贸易的流通，是现代文化市场体系的重要组成部分。随着粤港澳大湾区的设立和"一带一路"倡议的实施，区域内的文化活动越发活跃，广州的文化产业贸易交易规模不断扩大。文化产业分为九大类，分别为新闻信息服务、内容创作生产、创意设计服务、文化传播渠道、文化投资运营和文化娱乐休闲服务等六个文化核心领域，以及文化辅助生产和中介服务、文化装备生产和文化消费终端生产三个文化相关领域。[17]可参照上述分类，分别建立文化产业资源联盟。

（1）新闻信息服务产业资源联盟。广州可借鉴已成立的"一带一路"新闻合作联盟，召集在粤港澳大湾区和"一带一路"区域内的各类新闻机构，就区域内打造新闻合作联盟事项进行深入沟通交流，结合互联网信息搜索服务，共同打造资讯共享平台，组织跨境联合采访，建立公共稿库，等等。

（2）内容创作生产产业资源联盟。具体措施包括增强粤港澳大湾区及"一带一路"区域内的出版机构在版权贸易和营销渠道中的合作；筹备区域广播电视产业发展联盟，进行广电资源整合；创建动漫游戏合作交流联盟，推动区域内动漫游戏 IP 流动；共同设计、制作与发行艺术工艺产品；等等。

（3）创意设计服务产业资源联盟。粤港澳大湾区及"一带一路"建设为广州的广告业走出去创造了机会。广州可积极推动和加入区域广告合作联盟，通过广告和创意传播树立广州文化的国际形象，为广州文化在国际范围内的传播铺路搭桥；同时，也依此在区域之间使文化创意产品互通有无，促进文化产业经贸合作。

（4）文化传播渠道产业资源联盟。广州应积极加入区域文化传播渠道产业资源联盟，以新媒体和大数据为基础，实现区域内多样化的品牌宣传和媒体互访，建立国际传播体系，助力广州及相关区域文化企业走出去，为文化传播、传输、发行和零售打开通道。

(5) 文化投资运营产业资源联盟。广州已成立文化产业投融资联盟，该联盟由广东文化产业投资管理有限公司等9家公司和广州国际纪录片节等6家广州文交会分活动组委会组成。广州可基于此联盟，为粤港澳大湾区及"一带一路"沿线地区的文化交易商会提供投融资服务，参与到区域内的文化活动商务对接和项目对接过程中，为国际优质项目孵化、交易以及产业化提供金融与运营支持。

(6) 文化娱乐休闲服务产业资源联盟。在娱乐服务产业方面，共建粤港澳大湾区及"一带一路"沿线地区演艺资讯平台，以各地剧场为基础，以院团为主体，以经纪公司为纽带，共同打造良好的娱乐生态圈；在休闲服务产业方面，共建区域内部景区联盟，将新的管理服务方式和经营理念注入城市公园、森林公园、动物园、植物园等休闲景区，发挥整体优势。

(7) 文化辅助生产和中介服务产业资源联盟。创建区域内的印刷服务联盟、会展服务联盟、版权服务联盟、文化经纪代理服务联盟、文化设备租赁服务联盟和文化科研培训服务联盟，以无障碍互联为目标，促进区域内文化产品服务生产行业的顺利发展，建立起文化辅助生产业的良性开发机制。

(8) 文化装备生产产业资源联盟。在印刷设备、广播电视电影、摄录设备、演艺设备、游乐游艺设备和乐器等文化装备的制造方面需要挖掘粤港澳大湾区以及"一带一路"区域内各个装备制造的研发和生产优势，实现文化辅助产品的装备互供，生产互补。

(9) 文化消费终端生产产业资源联盟。文化消费终端生产包括文具制造、玩具制造、节庆用品制造、信息服务终端制造及其消费，粤港澳大湾区以及"一带一路"区域内的文化企业应采取加盟制造、委托代理等多种形式进行文化创意和信息服务产品的开发。

4.2.2 牵头打造文化产业资源交流平台

文化产业资源的合理交流和配置能够促使文化产业要素、资本和人才在粤港澳大湾区及"一带一路"区域内灵活流动，有助于在区域内形成共同构筑、相互衔接和配套的优势文化产业集群。文化产业资源交流平台的构建主要包括特色文化产业园区、"互联网+"文化创意空间的打造以及文化产业展会活动的举办。

（1）具有区域文化特色的文化产业园区。广州可以依托自身丰富的文化产品资源，充分调动文化产业园区文化产品聚集与辐射的特点，以建设特色文化产业园区的方式抢占文化产业新高地，促进粤港澳大湾区及"一带一路"区域内的文化产业交流与合作。目前，广州已有超过200个文化创意产业园区（基地）[18]，其中具有地域特色的是以音乐、服装、钢琴、啤酒、动漫等为主题的文化产业园区。广州在保持文化产业园区拥有城市特色的同时，应积极融合港澳两地以及"一带一路"沿线城市文化特色，加强行业相关性，牵头打造一批具有粤港澳城市名片特色、彰显文化科技创新、具有示范意义的文化产业园区。在形式上，可以考虑"一园多区"的园区功能设置方式，达到以广州本地文化产业区与港澳及"一带一路"沿线城市文化产业园区互为响应的多元文化目的。在运营上，重构定位文化园区功能链，与港澳地区及"一带一路"区域的文化物流、文化信息流互联互通。广州可以依托港澳地区和"一带一路"优势地区优良的工艺设计传统，在加强与其他区域设计人才和机构交流的同时，通过文化产业园区的集聚效应提升文化产业资源制造和加工效率，促进文化产业规模化发展。广州要善于依托文化会展交易平台、展会平台，充分发挥南沙自贸区、白云空港综合保税区的优势，以中新知识城、科学城、国际金融城为载体，完善粤港澳大湾区青年园等一批文化创意产业园区[19]，为粤港澳大湾区及"一带一路"区域文化合作搭建更强大的基础性平台。

（2）通过"互联网+"及新型文化业态融合各地文化创意空间。科技创新能够打破地区间在行政方面的壁垒和障碍，通过发展"文化+科技""文化+互联网"打造粤港澳及"一带一路"国际科技创新中心，是促进各区域合作的主旋律。[20]随着新技术在"一带一路"区域的充分运用以及各地文化合作的深入，广州需要抓住契机，打造文化与科技融合示范城市，打破传统的文化产业地域空间，加强虚拟集聚效应。另外，应该发挥广州的新型文化业态优势。广州的互联网和电子商务服务优势明显，新媒体行业蓬勃发展，信息通信媒介引领行业发展趋势，文化新业态迅速发展。[21]基于广州本地领先的网络游戏、数字音乐、动漫动画等文化产业内容，进一步加大对这些互联网文化产业的扶持力度，并发挥广州文化互联网产业对于港澳地区及"一带一路"沿线城市的互补性。例如，吸取香港金融行业的成功经验和资源，发展大湾区文化金融，推动"互联网+科技+金融+文化"产业的融合。广州应主动加强文化科技资源供给，在港澳地区及"一带一路"地区吸引更多创新资源，如创业/风险投资、创新人才等资源，加大对文化科技产品的研发力度。

（3）大力举办区域文化产业展会活动。广州应以"人文湾区""丝路文化""魅力广州"等为主题，积极举办文化产业、文化贸易相关展会，如文化产业交易会、文化产业博览会、国际艺术博览会、粤港澳大湾区文化经济促进会等。聚合广州文化产业优势品牌和资源，链接大湾区、"一带一路"区域文化产业和文化贸易资源。在展会中聚合多主题的文化创意活动和文化展演，同时借助这些活动吸引区域内文化创意类高新企业的驻扎和交流，力争打造国内外有影响力的文化产业交易平台、文化产业招商平台、推介平台和服务平台。

4.3 区域文化传播资源配置中心建设

4.3.1 牵头建立文化传播资源合作联盟

打造文化传播资源合作联盟，主要是建设覆盖粤港澳大湾区及"一带一路"区域的区域旅游合作联盟、区域传播联盟、传统文化教育联盟，为文化传播资源配置提供保障机制。

（1）区域旅游合作联盟。第一，借助中国—东盟、中国—中东欧等双边旅游合作机制，以及粤港澳大湾区旅游研究联盟、粤港澳大湾区导游联盟，积极与粤港澳大湾区及"一带一路"沿线国家在客源互送、线路共建、目的地共推等方面加强横向合作。[22]第二，深入挖掘旅游资源，借助旅游联盟打造旅游品牌。根据广州岭南文化中心的特色，重点开发以"千年羊城""岭南都会""亚运新貌""商贸名城"等具有地域代表性的文史主题旅游区域[23]，打造"有故事的新型城市"[24]203。

挖掘粤港澳大湾区在岭南文化遗产、南粤海洋等方面的旅游资源，串联不同城市的历史文化景点[25]，打造精品旅游路线。借鉴港澳在海上旅游方面的做法，广州可在粤港澳合作示范区——南沙滨海新区开拓高端新兴海洋旅游品牌项目，如游艇、邮轮等；同时，在南沙继续推进连接港澳的航线交通建设，为三地旅游提供基础交通运输资源。第三，提高全域旅游便利性。建设琶洲国际旅游服务中心、白云国际空港服务中心、南沙国际游轮码头服务中心三大国际级旅游服务中心，构建联动粤港澳大湾区和"一带一路"沿线国家的旅游交通网络，强化亚太旅游产品咨询功能，促进全国智慧旅游公共服务平台经广州向全球辐射。[24]205 提供包括多语种旅游咨询服务、旅游咨询手册和旅游信息导览等在内的旅游官方网站、旅游咨询窗口一站式服务站点，实现文旅深度融合，在发展旅游中传播文化。

（2）区域传播联盟。广州应该充分发挥在粤港澳大湾区广电联盟中的作用，与联盟各成员协同合作，做大做强湾区广电媒体，助推人文湾区建设，联合各成员摄制和播出大湾区公益宣传片、合办大湾区重要节庆联欢晚会等。广州应积极参与"一带一路"新闻合作联盟活动，吸引"一带一路"新闻合作联盟短期访学班到广州采访调研，争取承办"一带一路"媒体合作论坛，借此向"一带一路"沿线国家展示广州的文化魅力，借助"一带一路"新闻合作联盟各加盟传媒力量传播广州文化。

（3）传统文化教育联盟。第一，广州可以牵头倡议建设岭南文化教育联盟，通过教育发扬和传承岭南文化精髓，进而向世界传播岭南优秀文化。第二，充分发挥粤港澳大湾区国学文化联盟、粤港澳大湾区中华传统文化教育联盟作用，推动粤港澳国学文化界融合发展，增强区域内成员的文化认同感，整合专家学者资源，展示大湾区及海内外学者研究中华传统文化的学术成果，挖掘优秀中华历史文化遗产，推动优秀历史文化的传播和传承。

4.3.2 牵头打造文化传播资源交流平台

推动广州文化事业及文化产业"走出去"，是粤港澳大湾区及"一带一路"建设中的重要内容,是区域中心城市文化传播的助推器。构造文化外交及文化活动推广平台,不仅是区域文化自信的体现和文化布局全球的一种策略,同时对于在世界范围内传播中华优秀文化和提升中国参与全球文化治理的能力也有重要的意义。[26] 在这一措施中,重点为挖掘广州文化外交渠道和构造广州文化活动推广平台。

(1)挖掘广州文化外交渠道。第一,重视广州在粤港澳大湾区、"一带一路"区域及国际文化交往中的作用,制定与上述区域相关的文化外交制度,在提供政策保障的同时鼓励与区域内外先进组织建立良好关系,扩大城市交际圈。第二,充分利用与广州建立友好关系的国家和城市资源[27],积极与友好城市开展文化交流活动,通过互访、互办文化活动、友好图书馆项目、外语专业学生联合培养项目等形式,增强与世界各地优秀文化的文明互鉴。第三,积极调动粤港澳大湾区、"一带一路"区域内部的力量,与驻穗总领馆、驻外使馆、华人社团保持联系,整合文化资源,[28] 在交流中传播广府文化,塑造和传播广州城市形象,提升广州作为区域文化中心城市的国际影响力。第四,国际组织或区域组织总部机构数量是衡量一个城市国际影响力的重要指标,这些组织也是城市文化传播的重要平台。国际组织或区域组织的聚集程度与城市举办国际性活动的能力和频率密切相关。广州应当通过精确定位,建立、健全法律政策以及提供优质服务等举措吸引国际组织或区域组织总部落户[29],进而借助这些组织举办国际性活动,搭建文化外交平台。

(2)构造广州文化活动推广平台。第一,广州应争办重大国际文化盛会,申办国际体育赛事,打造国际文化节庆交流平台,积极利用好广交会、广博会宣传会展文化,结合粤港澳大湾区和"一带一路"沿线城市群发展重点和难点,设置会展推介主题,增加和扩大粤港澳大湾区以及"一带一路"沿线区域文化产品参展范围[30];办好中国国际漫画节、中国音乐金钟奖、中国(广州)国际纪录片节、广州国际城市创新奖、广州国际创新节等国际性文化活动,同时在大湾区背景下考虑与港澳联合开设和完善湾区文化主题展会,积极建设国际文化传播重要节点,精心培育有国际影响力的文化品牌,拉动港澳及"一带一路"沿线重要城市媒体资源,丰富国际上对于广州文化节庆和系列奖项评选的新闻媒体传播。第二，电影是重要的国际文化传播方式，广州具备良好的电影产业基础，可依托港澳及"一带一路"沿线重要城市先进、成熟的电影产业体系，推进广州影视基地的建设，与全球各地区共同打造电影生产制作和传播平台。广州应牵头打造国际电影产业园区，把区域内各地电影产业资源联系起来，具有拍摄、制作、人才交流、影视企业孵化等综合功能。[31]第三，积极参与我国与"一带一路"沿线重点国家合作开展的旅游年活动，参与旅游周、旅游推广周、旅游月、文化旅游推介会[25]等宣传推广活动，通过制作反映广州城市文化、风景、美食、民情等各方面特色的宣传片，以及聘请城市形象宣传大使等方式，加强城市宣传与营销，在旅游推介中传播岭南文化。

通过推进上述文化基础资源配置中心、文化产业资源配置中心、文化传播资源配置中心"三中心"的建设，能够使广州的文化资源在粤港澳大湾区与"一带一路"区域内得到合理的调配和发挥；使广州文化产业在区域产业发展中成为有力的主导因素，牵头调整及完善区域文化产业结构；并能够以优秀岭南传统文化以及其丰富的古代海上丝绸之路文化为内核扩大城市文化影响力，从而提升广州在全球范围内的文化软实力、文化核心竞争力及文化发展可持续性，使其成为全球区域文化中心城市。

参考文献

[1] 柳立子. 以文化产业助力大湾区文化中心城市建设 [EB/OL]. (2018 – 12 – 12) [2019 – 10 – 01]. http：//www.gzass.gd.cn/gzsky/contents/23/12432.html.

[2] 粤港澳大湾区发展规划纲要 [Z]. 北京：人民出版社，2019：1 – 13.

[3] 推动共建丝绸之路经济带和21世纪海上丝绸之路的愿景与行动 [EB/OL]. (2015 – 03 – 29) [2019 – 10 – 10]. https：//www.yidaiyilu.gov.cn/yw/qwfb/604.htm.

[4] 温世彬. "一带一路"背景下建设粤港澳大湾区的区域发展研究——基于SWOT法分析 [J]. 中国商论，2019 (15)：185 – 188.

[5] HOYLER M. What GaWC is about [DB/OL]. (2018 – 11 – 13) [2019 – 10 – 01]. https：//www.lboro.ac.uk/gawc/world2018t.html.

[6] KEARNEY A T. 2018 Global Cities report [DB/OL]. (2018 – 12 – 26) [2019 –

09 – 12］. https：//www. atkearney. com/2018-global-cities-report.

［7］ MORI MEMORIAL FOUNDATION. Score fluctuation of top 5 cities ［DB/OL］. （2018 – 12 – 26）［2019 – 09 – 12］. http：//mori-m-foundation. or. jp/pdf/GPCI2018_top5_en. jpg.

［8］ 香港桂强芳全球竞争力研究会，中外城市竞争力研究院. 2018 全球城市竞争力排行榜［EB/OL］.（2018 – 10 – 12）［2019 – 10 – 01］. http：//www. gqfgi. com/Ch/NewsView. asp？ID = 1276&SortID = 22.

［9］ BOP CONSULTING. World Cities culture report 2012 – 2014［EB/OL］.（2014 – 01 – 01）［2019 – 10 – 01］. http：//www. worldcitiescultureforum. com/publications/world-cities-culture-report – 2014.

［10］ 范周. 中国城市文化竞争力研究报告（2016）［M］. 北京：知识产权出版社，2017.

［11］ 高维和，史珏林. 全球城市文化资源配置力评价指标体系研究及五大城市实证评析［J］. 上海经济研究，2015（5）：53 – 61.

［12］ 胡俊荣. 构建粤港澳图书馆联盟联合体之我见［J］. 中国图书馆学报，2005，31（2）：36 – 38.

［13］ 广东科学中心. 粤港澳大湾区科技馆联盟发布三年发展规划［EB/OL］.（2019 – 08 – 01）［2019 – 10 – 03］. http：//www. sohu. com/a/330869010_610510.

［14］ 李晶，刘晖. 粤港澳大湾区高等教育整合的逻辑与进路［J］. 高等教育研究，2018，39（10）：35 – 40.

［15］ 赵宏宇，陈俊莉. 发挥广州文化枢纽作用，推动粤港澳大湾区文化资源共享［J］. 探求，2018，248（3）：31 – 35.

［16］ 谭钦允，蒋明智. 非遗保护与粤港澳文化认同［M］// 宋俊华. 中国非物质文化遗产保护发展报告（2017）. 北京：社会科学文献出版社，2017.

［17］ 中华人民共和国国家统计局. 文化及相关产业分类（2018）［EB/OL］.（2018 – 05 – 09）［2019 – 10 – 04］. http：//www. stats. gov. cn/xxgk/tjbz/gjtjbz/201805/t20180509_1758925. html.

［18］ 尹涛，杨代友，李明充. 2017 年广州市文化创意产业发展现状与 2018 年形势分析［M］//徐咏虹. 广州文化创意产业发展报告（2018）. 北京：社会科学文献出版社，2018.

［19］ 郭贵民，张杰锋. 粤港澳大湾区文化产业合作研究［M］//徐咏虹. 广州文化创意产业发展报告（2018）. 北京：社会科学文献出版社，2018.

[20] 曾志敏. 粤港澳大湾区论纲 [M]. 广州：华南理工大学出版社，2018.

[21] 杨代友，李明充，郭贵民，等. 广州加快培育文化产业新业态的对策研究 [M] //徐咏虹. 广州文化创意产业发展报告（2016）. 北京：社会科学文献出版社，2016.

[22] 赵白鸽，蔡昉，史育龙. "一带一路" 年度发展报告：2018 [M]. 北京：中国社会科学出版社，2019：222.

[23] 王珺. 广州中心城市辐射带动机制研究 [M]. 广州：广州出版社，2016：150.

[24] 北京巅峰智业旅游文化创意股份有限公司课题组. 一带一路旅游创新发展 [M]. 北京：旅游教育出版社，2016.

[25] 陈广汉. 粤港澳大湾区发展报告：2018 [M]. 北京：中国人民大学出版社，2018：99.

[26] 伍庆. 21 世纪海上丝绸之路与广州离岸文化中心 [M]. 广州：中山大学出版社，2018：103 - 109.

[27] 广州市人民政府外事办公室. 广州市国际友好城市一览表 [EB/OL]. （2019 - 07 - 18）[2019 - 10 - 06]. http：//www. gzfao. gov. cn/gzfao/yhcs/201904/c026585f306343ba8b1b583a359a34b0. shtml.

[28] 李再炎，庞力，谭志红. 推动广东文化走出去 打造文化广东新形象 [EB/OL]. （2016 - 01 - 29）[2019 - 10 - 06]. http：//www. scio. gov. cn/dfbd/dfbd/Document/1466884/1466884. htm.

[29] 陈楠. 当代中国城市外交的理论与实践探索 [D]. 上海：华东师范大学，2018.

[30] 姚宜. 21 世纪海上丝绸之路与广州国际化大都市建设 [M]. 广州：中山大学出版社，2018.

[31] 王世英，林倩怡. 粤港澳大湾区电影产业融合发展研究 [M] //徐咏虹. 广州文化创意产业发展报告（2018）. 北京：社会科学文献出版社，2018.

中国城市图书馆发展研究
——基于2018年度业务统计数据的分析[①]

唐 琼[1] 潘 颖[2] 虞 婷[3]

1. 中山大学信息管理学院，广州，510006
2. 广州图书馆，广州，510623
3. 九江学院图书馆，九江，332005

摘 要：文章以城市图书馆单馆及其服务体系2018年度的业务统计数据为研究样本，从服务效能、保障条件及体系建设等三大板块构建指标，揭示中国城市图书馆发展现状。研究发现，城市图书馆呈现以下发展特点：发展稳健，整体推进；各具特色，协同发展；效能为舵，为城市发展文化赋能；体系为帆，推动普遍、均等、便利、高效的公共文化服务建设。

关键词：城市图书馆；图书馆影响力；公共图书馆

为整体展示中国城市图书馆发展水平，推进城市图书馆信息公开，促进城市图书馆的业务交流和服务效能提升，2018年初，中国图书馆学会公共图书馆分会城市图书馆工作委员会（以下简称"城市图书馆工作委员会"）启动了《中国城市图书馆2017年度报告》的编制工作[1]。在城市图书馆研究合作伙伴的鼎力相助及各位工作委员会委员与专家的积极支持下，《中国城市图书馆2017年度报告》于2018年中国图书馆年会"城市图书馆年报制度"分会场发布，引起业界关注，并产生了热烈反响。

为进一步促进我国城市图书馆发展研究，推动城市图书馆信息公开

---

① 本文系"中国城市图书馆比较研究"项目成果之一。

和信息公开规范化，本文基于城市图书馆及其体系 2018 年度业务统计数据，揭示我国城市图书馆及其服务体系整体发展水平、发展特点、存在问题及发展趋势等，总结与传播城市图书馆实践中的先进理念和优秀经验，推动我国公共图书馆业务提升与创新。

1 指标体系与研究过程

1.1 指标体系

笔者广泛参考第六次公共图书馆评估、美国星级图书馆评价指标（LJ Index）[2]、《中国图书馆年鉴》以及《中国公共图书馆事业发展基础数据概览》等资料，并经多方征询意见，于 2017 年制定了以服务效能、保障条件及体系建设三大板块 18 个具体指标组成的信息公开指标体系，总体覆盖了与城市图书馆发展息息相关的核心能力。《中国城市图书馆 2017 年度报告》数据收集分析实践证明，该指标体系用于分析城市图书馆及其体系服务效能等具有科学性、合理性，因此，本研究继续沿用该指标体系，仅对"专业技术人员数量""通借通还文献量"等部分指标的说明及统计路径加以进一步优化（表1）。

表 1 城市图书馆统计指标体系及说明

一级指标	二级指标	指标统计说明（图书馆版）	指标统计说明（体系版）
第一部分 服务效能			
基础服务	读者到馆总人次	图书馆一年内接待公众访问的次数。可通过进出口自动计数系统统计的年度接待访问量。无自动计数系统的图书馆，可按照传统的"总流通人次"计算方法进行统计，即本年度内到图书馆场馆接受服务的总人次，包括借阅书刊、咨询问题以及参加各类读者活动读者总量，同时需在数据下方注明	本市服务体系内各图书馆年度内接待公众访问的次数总和

续表

一级指标	二级指标	指标统计说明（图书馆版）	指标统计说明（体系版）
基础服务	年文献外借量	图书馆一年内外借实体馆藏总册次，含本馆服务体系内的总馆、分馆、馆外流动服务网点（如自助图书馆、汽车图书馆等）的外借总量；含续借册次，续借1次算1册次；不含随书光盘张数及电子图书外借册次	年度内本市服务体系内各图书馆的外借实体馆藏量的总和
用户注册	有效注册用户数	图书馆累计有效注册用户（读者证已激活使用且状态为有效）的数量	本市服务体系内各图书馆累计有效注册用户（读者证已激活使用且状态为有效）数量的总和
读者活动	举办读者活动场次	一年内图书馆举办的各类读者活动（包括讲座、展览、读者培训、阅读推广及其他活动）的数量	本市服务体系内各图书馆年度内举办的各类读者活动（包括讲座、展览、读者培训、阅读推广活动）的数量
读者活动	参加读者活动人次	一年内参与图书馆举办的读者活动（包括讲座、展览、读者培训、阅读推广及其他活动）的总人次	年度内本市服务体系内各图书馆的参与读者活动人次的总和
数字服务	年数字阅读量	一年内用户在馆内或远程下载、浏览图书馆自建、自购数据库文献或资料（仅含全文，不含摘要）的篇/册次	年度内本市服务体系内各图书馆的年数字阅读量的总和
数字服务	网页访问量	本年度中图书馆网站中所有网页（含文件及动态网页）被访客浏览的总次数。图书馆网站指有独立域名的Web站点	年度内本市服务体系内各图书馆网页访问量的总和

续表

一级指标	二级指标	指标统计说明（图书馆版）	指标统计说明（体系版）
信息服务	信息咨询服务量	本年度读者使用图书馆普通解答咨询（包含咨询台服务、网上咨询、电话咨询、实时咨询等）、课题代检、专题信息服务的总量	年度内本市服务体系内各图书馆信息咨询服务量的总和
第二部分　保障条件			
经费保障	年财政拨款总额	一个完整财政年内为完成图书馆各项任务而投入的经费总额，包括图书馆当年的文献购置费、运行费、人员经费、专项经费等全部拨款。其中包含划拨到图书馆账户的新馆建设和装修经费	年度内本市服务体系内各图书馆财政拨款金额的总和。其中含新馆建设及装修经费
	年文献购置费	一个完整财政年内用于购置各类型文献信息（含电子资源）的经费之和	年度内本市服务体系内各图书馆年文献购置费的总和
	年数字资源购置费	一个完整财政年内用于购置数字资源的经费	年度内本市服务体系内各图书馆年数字资源购置费的总和
文献保障	实体文献馆藏量	本馆已入藏的图书（含古籍）、期刊和报纸的合订本、小册子、手稿，以及缩微制品、录像带、录音带、光盘等视听资料数量之和。不含电子文献数量（电子文献的概念与第六次公共图书馆评估定级一致，主要包括电子图书馆、期刊和报纸，下同）	本市服务体系内各图书馆实体文献馆藏的总和
	年新增实体文献藏量	年度新增的入藏图书（含古籍）、期刊和报纸的合订本、小册子、手稿，以及缩微制品、录像带、录音带、光盘等视听资料数量之和。不含年度新增的电子文献数量	本市服务体系内各图书馆年度新增实体文献馆藏的总和

续表

一级指标	二级指标	指标统计说明（图书馆版）	指标统计说明（体系版）
图书馆建筑设施保障	建筑面积	馆舍总面积。包括总馆和直属分馆面积（不含流动服务点馆舍面积），含馆外储存书库或储存图书馆面积	本市服务体系内各图书馆的馆舍总面积
人员保障	员工数量	本馆（含分馆）的在编员工及编外员工数量之和。（编外人员含长期聘用制、合同制、人事代理、劳务派遣、社会购买服务人员，不含社会购买服务的清洁、安保、物业人员及一年以下的短期雇佣人员和临时工。）请注明在编人员与编外人员具体人数	本市服务体系内各图书馆员工数量的总和
	专业技术人员数量	公共图书馆专业技术人员是指符合下列条件之一并从事相关业务工作的人员： （1）具有助理馆员等各类初级及以上专业技术职务任职资格； （2）具有图书馆学专业（或图书情报专业）专科或以上学历； （3）非图书馆学专业（或图书情报专业）专科或以上学历，经过省级及以上学会（协会）、图书馆、大学院系举办的图书馆学专业（或图书情报专业）课程培训学时不少于320学时并成绩合格	本市服务体系内各图书馆专业技术人员的总和
第三部分　体系建设			
分馆建设	分馆数量（含直属或合建分馆、馆外自助图书馆、汽车图书馆）	即由本馆建设的与总馆之间具备资源统一编目、统一调配、统一服务规则等条件的分馆数量，包括直属或合建分馆、馆外自助图书馆、汽车图书馆等，其中汽车图书馆以汽车数量为计算单位	本市服务体系内各图书馆建设的分馆数量的总和

续表

一级指标	二级指标	指标统计说明（图书馆版）	指标统计说明（体系版）
通借通还	通借通还文献量	—	通借通还服务量有利于考察体系内文献资源共享水平和服务效益，但当前各图书馆对于通借通还的概念理解、衡量指标及统计方法存在一定的差异[1]

1）在此列出了"通借通还服务量"几种主要统计方法：A. 读者借书地点（操作地）与还书地点（操作地）不一致产生的量；B. 读者还书地点（操作地）与文献所属的馆藏地不一致时产生的还书量；C. 读者还书地点（操作地）的所属馆与文献所属馆不一致时产生的还书量；D. 读者开户馆与文献所属馆不一致时产生的外借量；E. 其他，请说明具体统计方法。

注：1. 体系版统计表用于地级市以上图书馆填写本市图书馆服务体系的总体业务数据。服务体系不包含城市辖区内的省级图书馆。

2. 单馆部分剔除了"通借通还文献量"这一指标。改进了"专业技术人员数量""通借通还文献量"等指标的统计路径。2017年，单馆"专业技术人员数量"指从事图书资料管理与服务工作的专业技术岗位人员（含长期聘用制、合同制、人事代理、劳务派遣、社会购买服务人员，不含服务的清洁、安保、物业人员）；体系"专业技术人员数量"指本市服务体系内各图书馆从事图书资料管理与服务工作的专业技术岗位人员的总和。2017年体系"通借通还文献量"统计路径为两种：①根据读者借还文献地点不一致统计的异地还书量；②体系内各图书馆根据读者证所属馆及借还文献所属馆不一致统计的通借通还外借量的总和。

1.2 研究过程

1.2.1 优化"城市图书馆统计指标体系"

笔者于2017年制定了以服务效能、保障条件以及体系建设三大板块18个核心指标组成的城市图书馆信息公开指标体系。《中国城市图书馆2017年度报告》数据收集分析实践证明，该指标体系用于分析城市图书馆及其体系服务效能等具有科学性、合理性，能够达到以简御繁的效果。因此，本研究继续沿用该指标体系主体，只是在总结上一年度数据统计和分析经验、结合成员馆的反馈和最新研究成果基础上，对部分指标及相关统计路径加以优化。

1.2.2 数据收集

基于"城市图书馆统计指标体系"，笔者分别设计了城市图书馆（单馆）和城市图书馆体系两套业务数据统计表。城市图书馆（单馆）部分的业务数据统计表由业务数据、服务效能和读者活动信息三部分组成，城市图书馆体系业务数据统计表则由业务数据和体系服务效能两部分组成。本次数据收集与"城市图书馆服务效能最佳实践案例"征集活动相结合，收集时间为2019年2月26日至6月13日，除"城市图书馆研究合作伙伴"成员馆外，还有其他图书馆提供数据，最终回收图书馆单馆有效数据134份，图书馆体系有效数据34份。

本文将134个城市图书馆（单馆）划分为直辖市、副省级市、地级市、直辖市/副省级市辖区、县（区）级等五个级别①，将34个城市图书馆体系分为直辖市、副省级市、地级市等三个级别。不同级别城市图书馆提交数据情况如表2、表3所示。

表2 城市图书馆（单馆）提交数据情况　　　　单位：个

对象	东部城市图书馆数量	中西部城市图书馆数量	总量
直辖市图书馆	2	1	3
副省级市图书馆	10	7	17
地级市图书馆	11	12	23
直辖市/副省级市辖区图书馆	14	21	35
县（区）级图书馆	19	37	56
总量	56	78	134

---

① 直辖市、副省级城市辖区图书馆是直辖市、副省级城市图书馆体系中重要的一环。考虑其特殊性，本年度报告将其从县级市（区）图书馆中分离出来。

表3　城市图书馆（体系）提交数据情况　　　单位：个

对象	东部城市图书馆体系数量	中西部城市图书馆体系数量	总量
直辖市	2	0	2
副省级市	11	3	14
地级市	10	8	18
总量	23	11	34

1.2.3　数据分析

本文从各城市图书馆（单馆）和城市图书馆体系的行政级别角度对数据加以分析，并采用差异分析与相关分析方法探究图书馆保障条件与服务效能之间的关系。

对于各项指标，课题组主要从总量、平均量和人均量三方面分析其数据特征，并分别从不同行政级别层面探究城市图书馆在各项指标上的表现。其中，由于部分图书馆缺失某些数据，因而部分指标不适合采用数据直接相加的总量进行分析，而是以平均量的形式呈现总体情况。对于城市图书馆（单馆）而言，平均量是该项指标数据的和除以提供数据的图书馆馆数；对于城市图书馆体系而言，平均量是该项指标数据的和除以提供数据的图书馆体系数量。此外，本文还对读者到馆人次、年文献外借量、有效注册用户数、举办读者活动场次、参加读者活动人次、年数字阅读量、网页访问量、信息咨询服务量、年财政拨款总额、年文献购置费、年数字资源购置费、实体文献馆藏量、年新增实体文献藏量、建筑面积及员工数量等15项指标进行了人均量计算。人均量的计算为相应指标除以服务人口数，本文中的服务人口数统一采用常住人口数。

城市图书馆单馆及城市图书馆体系数据均采用SPSS 24.0开展相关分析，探究以年财政拨款总额为代表的保障条件与服务效能之间统计关系的强弱程度，并对5组不同年财政拨款总额的城市图书馆单馆与体系之服务效能开展多独立样本Kruskal-Wallis检验分析，以探索不同城市图书馆单馆或体系组别在服务效能表现上是否存在统计学上的显著差异。

需要说明的是，本研究的数据来源与编制工作主要基于"城市图书馆研究合作伙伴计划"成员馆及其他参与本项目研究的图书馆，并非来自系统的分层抽样；但本次提交业务数据的图书馆在不同行政级别、不同服务人口规模及地区均有较好覆盖，具有一定的代表性。因而，相关调查结果对反映我国城市图书馆的发展现状与特点可起到管中窥豹的效果。

2　中国城市图书馆发展特点

2.1　发展稳健，整体推进

《中华人民共和国公共图书馆法》于 2018 年 1 月 1 日起正式施行。作为我国图书馆领域的首部国家立法，该法对公共图书馆的设立、运行、服务以及相关法律责任等分别作了详细规定，为我国公共图书馆事业发展提供了根本保障[3]，为新时代公共图书馆发展取得更大成就注入强大动力，也为城市图书馆发展提供了良好契机。统计分析 2017—2018 年度均提交业务数据的城市图书馆单馆及体系数据发现：多项指标均稳步增长，表明我国城市图书馆整体上呈现较为稳健的向上发展态势；部分指标，如举办读者活动场次、网页访问量和年财政拨款总额等增幅较大（表 4）。

表4　2017—2018年度城市图书馆单馆及体系发展对比

	指标名称	2017年城市图书馆（单馆）	2018年城市图书馆（单馆）	2017年城市图书馆（体系）	2018年城市图书馆（体系）
服务效能	读者到馆人次/万人次	155.09	171.01	613.20	700.54
	年文献外借量/万册次	147.50	145.90	534.72	555.59
	举办读者活动场次/场	561.16	724.72	2869.24	3590.90
	参加读者活动人次/万人次	33.68	37.35	107.56	142.29
	网页访问量/万次	529.69	835.22	921.57	1235.52
	信息咨询服务量/万项（条）	17.74	24.03	38.56	66.02
保障条件	年财政拨款总额/万元	4593.50	4874.51	13186.45	14044.64
	年文献购置费/万元	888.61	944.39	2314.68	2268.67
	年数字资源购置费/万元	252.04	257.11	399.74	390.50
	实体文献馆藏量/万册（件）	284.41	305.48	699.22	778.95
保障条件	年新增实体文献藏量/万册（件）	14.12	15.35	76.75	62.63
	建筑面积/万平方米	2.74	2.95	12.56	16.95
	员工数量/人	110.16	119.62	450.00	457.05

注：1. 为保证对比的合理性，在此仅统计2017—2018年度均提交数据的城市图书馆单馆（50家）及体系（21个）。

2. 表格中对比的是各指标的馆均值或体系均值。

从各样本城市图书馆及图书馆体系的年财政拨款总额、年文献购置费、实体文献馆藏量、建筑面积等投入类指标的增长状况可看出，我国各级政府积极贯彻落实《中华人民共和国公共文化服务保障法》《中华人民共和国公共图书馆法》等法律和政策，从整体上提高城市图书馆及其体系的治理能力与服务能力，保障和实现公民基本文化权益。城市图书馆单馆及体系之年财政拨款总额与服务效能关系的数据分析结果说明，年财政拨款总额与服务效能之间呈现显著的正相关关系，不同年财政拨款总额层次的图书馆建设保障水平在多项服务效能产出方面具有显著差异，政府在城市图书馆各项投入的增加能带来服务效能的显著提升。

2.2 各具特色，协同发展

2.2.1 直辖市图书馆：馆均领先，资源与服务总量颇具优势

本研究覆盖的直辖市城市图书馆（单馆）有 3 个，城市图书馆体系有 2 个。直辖市一级的图书馆和图书馆体系拥有优越的发展条件与经济支撑，无论单馆或体系数据，直辖市图书馆在服务效能、保障条件与体系建设的主要指标上，尤其是保障条件方面，其平均量均大幅领先于其他行政级别图书馆；但因其服务人口基数较大，服务效能、保障条件以及体系建设的总量被庞大的服务人口基数稀释，导致很多人均指标值较低（表 5、表 6）。即便如此，该类型图书馆部分人均指标，如人均年财政拨款、人均年数字资源购置费、人均实体文献藏量、专业技术人员占比仍居于前列，显示了直辖市图书馆在资源保障方面具有的独特优势。

表5 直辖市图书馆部分平均量指标

指标	直辖市图书馆（单馆）	排名	直辖市图书馆（体系）	排名
平均读者到馆人次/万人次	350.16	1/5	1513.78	1/3
平均有效注册用户数/万人	190.32	1/5	108.03	1/3
平均举办读者活动场次/场	1276.00	1/5	7618.00	1/3
平均参加读者活动人次/万人次	67.64	1/5	392.65	1/3
平均年数字阅读量/万篇（册）次	1916.10	1/5	2551.58	1/3
平均信息咨询服务量/万项（条）	67.28	1/5	101.12	1/3
平均年财政拨款/万元	26653.33	1/5	49880.4	1/3
平均年文献购置费/万元	6725.46	1/5	6712.83	1/3
平均年数字资源购置费/万元	2424.82	1/5	800.88	1/3
平均实体文献馆藏量/万册（件）	2293.10	1/5	2066.37	1/3
平均年新增实体文献藏量/万册（件）	33.72	1/5	168.16	1/3
平均建筑面积/万平方米	9.04	1/5	33.84	1/3
平均员工数量/人	522.33	1/5	1104.50	1/3

续表

指标	直辖市图书馆（单馆）	排名	直辖市图书馆（体系）	排名
平均专业技术人员数量/人	405.33	1/5	713.00	1/3
平均分馆数量/个	36.00	2/5	571	1/3

注：城市图书馆单馆排名基数为5，即5类行政级别城市图书馆，分别是直辖市图书馆、副省级市图书馆、地级市图书馆、直辖市/副省级市辖区图书馆以及县（区）级图书馆；城市图书馆体系排名基数为3，即3类行政级别城市图书馆体系，分别是直辖市图书馆体系、副省级市图书馆体系以及地级市图书馆体系，以下同。

表6 直辖市图书馆部分人均指标

指标	直辖市图书馆（单馆）	排名	直辖市图书馆（体系）	排名
读者人均到馆次数/次	0.14	5/5	0.58	3/3
人均文献外借量/册次	0.07	5/5	0.45	3/3
万人均活动场次/场	0.50	5/5	2.90	3/3
万人均参加读者活动人次/人次	264.21	5/5	1494.09	3/3
人均文献购置经费/元	0.25	5/5	2.55	2/3
人均年新增实体文献藏量/册（件）	0.01	5/5	0.06	2/3
万人均建筑面积/平方米	35.30	5/5	128.76	3/3
人均年财政拨款/元	10.41	1/5	18.98	1/3
人均年数字资源购置费/元	0.95	1/5	0.31	2/3

续表

指标	直辖市图书馆（单馆）	排名	直辖市图书馆（体系）	排名
人均实体文献馆藏量/册（件）	0.90	1/5	0.79	2/3
专业技术人员占比/%	77.60	2/5	64.55	1/3

2.2.2 副省级市图书馆：协同引领，体系建设成效突出

本研究覆盖的副省级市图书馆（单馆）有17个，城市图书馆体系有10个。无论是从城市图书馆单馆还是体系来看，副省级市图书馆的平均量指标多数只低于直辖市图书馆，普遍高于其他行政级别图书馆；某些特定指标，如城市图书馆（单馆）的平均年文献外借量、平均分馆数量等甚至超过直辖市图书馆。在人均量方面，副省级市图书馆体系则大多处于领先位置（表7、表8）。调查表明，副省级市图书馆资源总量较大，服务规模效益较为显著，体系建设方面成效凸显。

表7 副省级市图书馆部分平均量指标

指标	副省级市图书馆（单馆）	排名	副省级市图书馆（体系）	排名
平均读者到馆人次/万人次	285.03	2/5	1035.12	2/3
平均年文献外借量/万册次	272.97	1/5	777.24	2/3
平均有效注册用户数/万人	39.29	2/5	97.69	2/3
平均举办读者活动场次/场	1128.47	2/5	4665.21	2/3
平均参加读者活动人次/万人次	51.15	2/5	162.38	2/3

续表

指标	副省级市图书馆（单馆）	排名	副省级市图书馆（体系）	排名
平均年数字阅读量/万篇（册）次	885.20	2/5	1763.47	2/3
平均网页访问量/万次	1396.11	2/5	1990.95	1/3
平均信息咨询服务量/万项（条）	53.25	2/5	92.48	2/3
平均年财政拨款/万元	7032.75	2/5	18155.6	2/3
平均年文献购置费/万元	1218.99	2/5	3094.51	2/3
平均年数字资源购置费/万元	265.70	2/5	678.88	2/3
平均实体文献馆藏量/万册（件）	347.65	2/5	1021.61	2/3
平均年新增实体文献藏量/万册（件）	23.46	2/5	74.04	2/3
平均建筑面积/万平方米	3.98	2/5	14.54	2/3
平均员工数量/人	149.94	2/5	653.64	2/3
平均专业技术人员数量/人	117.65	2/5	293.07	2/3
平均分馆数量/个	62.35	1/5	266.1	2/3

表 8　副省级市图书馆部分人均指标

指标	副省级市图书馆（单馆）	排名	副省级市图书馆（体系）	排名
读者人均到馆次数/次	0.33	3/5	1.07	1/3
人均文献外借量/册次	0.32	3/5	0.80	1/3
有效注册用户率/%	4.59	2/5	10.09	1/3
万人均活动场次/场	1.32	3/5	4.82	1/3
人均数字阅读量/篇（册）次	1.03	1/5	1.81	1/3
人均网页访问量/次	1.63	2/5	1.98	1/3
万人均信息咨询服务量/项（条）	619.82	1/5	903.91	1/3
人均文献购置经费/元	1.42	2/5	3.20	1/3
人均年数字资源购置费/元	0.31	2/5	0.70	1/3
人均实体文献馆藏量/册（件）	0.41	3/5	1.06	1/3
人均年新增实体文献藏量/册（件）	0.03	3/5	0.08	1/3
平均通借通还文献量/万册次	—	—	204.97	1/3

2.2.3 地级市图书馆：个案突出，分化明显

本研究覆盖的地级市城市图书馆（单馆）有23个，城市图书馆体系有18个。从样本总量上来说，地级市图书馆的单馆或体系在各项指标上的馆均规模均次于直辖市和副省级城市图书馆，人均指标在五个不同行政级别图书馆中一般处于后两位，但地级市图书馆体系在万人均建筑面积方面表现优异（表9、表10）。

综合来看，地级市图书馆发展呈现的一个主要特点是个案发展较为突出，部分单馆或总分馆建设成效显著，形成了一批具有借鉴价值的实践。如太原市图书馆采用支付宝蚂蚁金服旗下芝麻信用打造信用图书馆，免押金信用借阅服务，开启"信用+阅读"公益借阅新模式。读者可体验全新的免押金办证、扫码借书、扫码支付等新服务。该馆提供的3D打印及创客交流展示、AR和VR数字体验、多空间实时共享公开课堂、数字图书及期刊瀑布屏、数字鉴赏等多个创新服务吸引众多体验者。佛山市图书馆作为佛山市联合图书馆的中心馆，充分发挥中心枢纽作用，推动体系建设取得显著成效。截至2018年底，佛山市联合图书馆已形成313个成员馆、131.27万个持证读者、年流通量1098万余册次的规模，首次突破1000万册次，成为广东省第三个年流通册次破千万的城市，也是唯一一个地级市城市；该馆还通过总分馆建设、智能图书馆、电视图书馆、智能文化家等特色项目构建多维公共图书馆服务体系。

但统计亦发现，有不少地级市图书馆及体系的发展滞后，使得本行政级别图书馆的两极分化现象尤为明显。如表9、表10显示，地级市单馆及体系各项指标最低值与最高值差异较大，其中单馆年文献外借量最高值是最低值的600倍之多，年数字阅读量更是达千倍以上的差距，总分馆体系情况与此类似，显示出地级市图书馆在发展方面呈现出两极分化现象；另外，读者到馆总人次、年文献外借量、参加读者活动人次等多个指标数据分布离散程度严重，同时这部分指标平均值偏低，表示不少图书馆和总分馆体系发展滞后，部分图书馆或总分馆体系的服务效能、保障条件、体系建设等三方面的指标建设均显不足，仍停留在借阅

等基本服务的提供，有较大提升空间。如东莞图书馆与东部某地级市图书馆服务人口相近，但东莞图书馆体系的读者到馆人次是其近7倍，年文献外借量是其近4倍，举办读者活动场次、通借通还文献量是其近9倍，实体馆藏量与建筑面积是其近3倍。

表9 地级市单馆各指标数据情况

指标	最低值	最高值	平均值	标准差
读者到馆总人次/人次	32186	4070000	1131477.13	998510.97
年文献外借量/册次	5188	3161824	825543.30	810734.83
有效注册用户数/人	2362	473100	121343.65	140178.69
举办读者活动场次/场次	5	2702	481.70	628.68
参加读者活动人次/人次	2450	2182503	382935.96	609897.58
年数字阅读量/篇（册）次	5320	9472050	1209680.45	2262810.46
网页访问量/页次	2377	8225287	1170124.26	1887062.56
信息咨询服务量/项（条）	0	243000	51785.62	65591.29
年财政拨款总额/万元	179.2	7859.4	2016.25	1885.51
年文献购置费/万元	20	1252.63	279.42	336.68
年数字资源购置费/万元	0	321	70.12	83.78
实体文献馆藏量/万册（件）	9.07	382	114.43	91.50

续表

指标	最低值	最高值	平均值	标准差
年新增实体文献藏量/万册（件）	0.58	37.97	7.77	9.25
建筑面积/万平方米	0.31	5.61	2.19	1.55
员工数量/人	13	243	80.57	60.60
专业技术人员数量/人	4	156	44.61	33.23
分馆数量（含直属或合建分馆、馆外自助图书馆、汽车图书馆）/个	0	119	23.61	27.46

表10 地级市体系各指标数据情况

体系指标	最低值	最高值	平均值	标准差
读者到馆总人次/人次	32186	12834022	2847724.28	3559509.43
年文献外借量/册次	5188	10982567	2089011.50	2522448.11
有效注册用户数/人	2362	1189833	223571.94	279644.13
举办读者活动场次/场次	5	7414	1663.50	2127.18
参加读者活动人次/人次	2450	2225772	689852.44	758510.70
年数字阅读量/篇（册）次	0	28482381	5036567.41	7786961.46

续表

体系指标	最低值	最高值	平均值	标准差
网页访问量/页次	2377	4469401	1284111.50	1482083.57
信息咨询服务量/项（条）	0	1148868	142050.67	258070.33
年财政拨款总额/万元	179.20	15908.05	4294.01	4390.34
年文献购置费/万元	20.00	3936.87	676.65	933.98
年数字资源购置费/万元	3.00	532.35	130.20	134.71
实体文献馆藏量/万册（件）	9.07	1024.44	284.58	250.63
年新增实体文献藏量/万册（件）	0.58	133.32	23.24	31.04
建筑面积/万平方米	0.31	69.62	9.86	15.47
员工数量/人	13	711	202.50	179.75
专业技术人员数量/人	4	284	102.00	85.01
分馆数量（含直属或合建分馆、馆外自助图书馆、汽车图书馆）/个	1	395	92.56	102.24

2.2.4 直辖市/副省级市辖区图书馆：效能显著，城市图书馆体系建设重要节点

本研究覆盖的直辖市/副省级市辖区图书馆有35个（未统计该辖区

内图书馆总分馆体系），直辖市/副省级市辖区图书馆是城市图书馆体系建设的重要节点。在多个直辖市或副省级市（如北京、广州、长春、重庆、武汉、杭州、宁波、南京、厦门等）图书馆体系建设中，区图书馆均承担着区域总分馆体系之总馆职责，很多区级政府对图书馆建设给予了大力支持。例如，北京市平谷区政府将图书馆建设纳入政府主管部门议事日程及地方政府公共服务考核指标体系中，人员、资源、运行等经费保障均纳入政府财政预算，并实施文化事业目标管理责任制；重庆市万盛经济开发区把图书馆建设纳入了主管部门的议事日程及国民经济和社会发展"十三五"规划中，近年来，在开发区财政收入每年都是负增长的情况下，图书馆的经费都得到了保障，且略有增长；广州市黄埔区将图书馆总分馆建设工作列入十件"民生实事"。从保障条件指标的人均值来看，直辖市/副省级市辖区图书馆在年财政拨款、文献购置经费、实体文献馆藏量、年新增实体文献藏量、万人均建筑面积等指标在不同行政级别图书馆中位居前列。其服务效能表现也相当抢眼，读者人均到馆次数、人均文献外借量、万人均活动场次、有效注册用户率、万人均参加读者活动人次等指标均居前列。

本类型图书馆的发展短板主要在于专业技术人员缺乏，其专业技术人员占比均值仅为34.44%，低于其他各类型图书馆。2017年一项针对广州地区公共图书馆人力资源的现状调查亦发现，区级图书馆工作人员专业性情况不够理想[4]。

表11 直辖市/副省级市辖区图书馆部分人均指标

指　　标	直辖市/副省级市辖区图书馆	排名
读者人均到馆次数/次	0.58	1/5
人均文献外借量/册次	0.46	1/5
有效注册用户率/%	4.56	3/5
万人均活动场次/场	3.00	1/5
万人均参加读者活动人次/人次	935.89	2/5
人均年财政拨款/元	9.42	2/5
人均文献购置经费/元	1.52	1/5

续表

指　　标	直辖市/副省级市辖区图书馆	排名
人均年数字资源购置费/元	0.12	5/5
人均实体文献馆藏量/册（件）	0.56	2/5
人均年新增实体文献馆藏量/册（件）	0.06	1/5
万人均建筑面积/平方米	99.32	2/5
每名工作人员服务人口数量/万人	2.71	1/5
专业技术人员占比/%	34.44	5/5

注：在城市图书馆服务体系建设中，通行的做法是由市馆负责建设全市数字资源统一门户，实现数字信息资源的共建共享，故很多直辖市、副省级城市辖区图书馆数字资源购置费较低。

2.2.5 县（区）级图书馆：盘活资源是效能提升之重要切入点

本研究覆盖的县（区）级图书馆（单馆）有56个。从各项主要指标的平均量来看，县（区）级城市图书馆大多远远落后于其他各行政级别城市图书馆，经费、文献信息资源与人力资源等保障不足的现象依然存在。但众多县（区）级图书馆积极应对保障条件不足等困难，努力盘活现有资源，在能力范围内最大限度保障人民群众文化权益。例如，新疆克拉玛依市独山子区图书馆与克拉玛依职业技术学院共享资源开展服务；山东廊坊市安次区图书馆积极引入社会力量开办公益讲座与服务活动，读者活动参与人次大幅提升。

从总体来看，县（区）级图书馆万人均参加读者活动人次达1069.19人次，万人均建筑面积达115.45平方米，在读者人均到馆次数、人均文献外借量、万人均活动场次等方面仅次于直辖市/副省级市辖区图书馆。这些数据表明，县（区）级图书馆近年来正逐渐进入高速发展期，通过彰显图书馆服务的社会效益，获取读者认可，可谋求未来发展的有利条件；其建设亦将成为未来一段时期提升城市图书馆总体服务效能的重要切入点。

表 12　县（区）级图书馆部分人均指标

指　　标	县（区）级图书馆	排名
读者人均到馆次数/次	0.49	2/5
人均文献外借量/册次	0.35	2/5
万人均活动场次/场	1.65	2/5
万人均参加读者活动人次/人次	1035.17	1/5
人均年财政拨款/元	6.05	4/5
人均文献购置经费/元	0.64	4/5
人均年数字资源购置费/元	0.15	4/5
人均实体文献馆藏量/册（件）	0.40	4/5
人均年新增实体文献藏量/册（件）	0.03	2/5
万人均建筑面积/平方米	112.27	1/5
每名工作人员服务人口数量/万人	3.08	2/5
专业技术人员占比/%	41.52	4/5

2.3　效能为舵，为城市发展文化赋能

　　提升公共文化服务机构服务效能，一方面是我国公共文化服务发展的制度要求，另一方面已内化为我国城市图书馆发展的自觉。众多城市图书馆不断加强立法保障、管理制度、资源建设、新技术引入等效能支撑机制，纷纷以用户需求为驱动，通过细分图书馆用户、关注特殊群体等，明晰不同用户及所在社区需求，结合最新技术，精细设计新型服务主题、服务内容、服务过程等，做到让用户能够真正从图书馆资源与服务中获益。例如，克拉玛依市图书馆在 2018 年底引进朗读亭、瀑布流电子借阅机、可微信扫码的自助借还机等先进设备，为读者提供阅读新体验，方便读者借阅图书；南京市各图书馆相继启用自助办证、移动在线办证等先进的办证手段，更高效快捷地简化了办证流程，为广大市民更好地享受图书馆文化资源提供了便利；在移动图书馆方面，金陵图书馆的"I·金图"数字阅读系统，将网站信息实时更新同步到移动阅读

系统中,向广大市民提供数字阅读服务,从而进行数字阅读推广业务;东莞图书馆"扫码看书,百城共读"活动打造图书馆"数字阅读之门",让阅读推广"简单再简单,便捷更便捷",让图书馆"拿来即用,形象统一",让读者"易读、易得、易交流",最大程度降低基层图书馆阅读推广工作难度,让读者免费、零门槛使用优质数字阅读资源,通过最简单便捷的方式吸引读者参与活动,并以此为入口了解和进一步利用图书馆的其他数字资源与服务。

表13 城市图书馆单馆与体系服务效能情况

指标名称	提交数据的单馆/个	馆均值	提交数据的体系/个	市均值
读者到馆人次/万人次	134	92.04	34	666.03
年文献外借量/万册次	134	74.48	34	499.48
有效注册用户数/万人	134	13.46	34	58.41
举办读者活动场次/场	134	377.31	34	3249.76
参加读者活动人次/万人次	133	19.97	34	126.48
年数字阅读量/万篇(册)次	123	206.89	30	1102.12
网页访问量/万次	126	333.92	32	894.64
信息咨询服务量/万项(条)	127	9.95	31	47.59

2018年,城市图书馆继续发挥文化传承和文化交流的功能,既是关系城市形象和竞争力的文化地标[5],又是深化城市有机更新,推动城市高质量发展,满足人民对美好生活期待的重要文化软实力。从2018

年城市图书馆单馆及体系的服务效能数据可看出，享受阅读之趣，到图书馆参与文化交流，已然成为城市民众的一种生活方式。而城市图书馆对于全民阅读推广之潮的引领，亦是其为城市发展文化赋能的重要方式。当前，城市图书馆积极顺应社会阅读环境的转变，充分发掘和满足不同类型用户（特别是未成年人）的阅读新需求，积极创新阅读推广服务内容与形式，并通过形成系列品牌活动，提升图书馆在书香城市建设中的影响力。如长沙图书馆推进文化惠民，助力书香城市建设，其品牌活动包括了创新分龄分众服务、培育青苗计划、新三角创客空间、"阅天下·邂逅图书馆之美"等；东莞市大朗镇着力打造"朗"字系列阅读品牌，先后培育打造了"朗读会""朗读亲子馆""智朗团""朗味书屋""朗读天使"等阅读推广品牌活动，至2018年，"朗"字系列阅读品牌举办活动340多场，受众人数达4万多人次，在全镇倡导和普及全民阅读、终身学习的理念，传扬书香文化。此外，弘扬传统文化和发扬"国学"亦为阅读推广活动的主题之一，如青岛市图书馆的"尼山书院"系列活动。

2.4 体系为帆，推动普遍、均等、便利、高效的公共文化服务建设

城市图书馆体系建设为推动公共文化服务的普遍、均等、便利、高效扬帆助力。我国各城市图书馆因地制宜，形成了各具特色的总分馆建设模式，如深圳模式、东莞模式、佛山模式、苏州模式、嘉兴模式、杭州模式、广州模式等。各城市不断深化覆盖全市的图书馆网络，建立以市级公共图书馆、区级公共图书馆、街道公共图书馆、社区图书馆、自助借还服务点、流动书车等多级别多形式的总分馆服务体系，通过统一业务管理系统将中心馆、分馆和流通点联合起来，促进图书通借通还以及数字资源共享，让信息资源得到最大限度的利用，全力打通公共文化服务"最后1公里"，将图书馆的服务无差别延伸至居民日常生活。城市图书馆服务体系的建设进一步延展了图书馆服务的深度和广度，提高了图书馆全民阅读活动的覆盖范围。在多个城市图书馆体系建设中，

"图书馆+"已成为建设及服务跨界融合发展的新模式,"图书馆+书店""图书馆+咖啡馆""图书馆+企业""图书馆+地铁""图书馆+商场""图书馆+学校"在各地不断涌现,颇受民众喜爱。从业务统计数据来看(表4),与2017年度相比,2018年城市图书馆体系在读者到馆人次、年文献外借量、举办读者活动人次、网页访问量、信息咨询服务量等服务效能指标方面均得以提升,部分指标增幅较大。如在统计的城市图书馆体系中,2017年网页访问量为921.57万次,2018年度为1235.52万次,增幅达到了34%;参加读者活动人次由2017年度的107.56万人次,增长到2018年度的142.29万人次,增幅约为32%;2017年度举办读者活动场次为2869.24场,2018年度为3590.90场,增幅约为25%。

城市图书馆体系的有序建设及运行,离不开各地政府以立法的形式确定图书馆建设过程中的保障机制及运行机制。2015年5月,广州市颁布并实施《广州市公共图书馆条例》,高标准量化明确政府责任,重点解决镇街图书馆发展中存在的保障不足等问题,创新公共图书馆管理体制和运行机制,提出建立以广州图书馆为中心馆,区公共图书馆为区域总馆,镇、街道公共图书馆为分馆的中心馆—总分馆体系化发展模式,为推进标准化、均等化建设,配套制定多项制度,相继印发《广州市"图书馆之城"建设规划(2015—2020年)》《关于全面推进我市公共图书馆总分馆制建设实施意见的通知》等八项配套制度,顶层设计不断完善。北京市为贯彻"两法",落实《北京市"十三五"时期加强全国文化中心建设规划》《推进文化馆图书馆总分馆制实施方案》和"1+3"公共文化政策文件,建立基层公共文化服务供需对接机制,实现一体化配送与运营,推动公共文化服务供给与群众文化需求的有效对接,努力构建由市级中心馆(首都图书馆)、区级总馆(各区图书馆)、街道(乡镇)分馆和社区(行政村)基层服务点组成的中心馆总分馆制服务体系。嘉兴市在建设城乡一体化公共图书馆服务体系过程中,出台了《嘉兴市人民政府办公室关于印发嘉兴市构建城乡一体化公共图书馆服务体系的实施意见的通知》《嘉兴市人民政府办公室关于印发城乡一体化公共图书馆服务创建实施意见的通知》等近10个文件,在2016

年又出台了《关于印发〈嘉兴市公共图书馆中心馆—总分馆服务体系标准〉的通知》，2017年出台嘉兴地方标准《公共图书馆中心馆—总分馆服务体系建设管理规范》（DB3304/T 032—2017），不断深化嘉兴市城乡一体化公共图书馆服务体系的建设。

3 结　语

本文所采用的业务统计指标体系，凝练了城市图书馆建设中最为重要的服务效能、服务保障及体系建设等指标，旨在揭示当前我国城市图书馆单馆及体系的发展现状。本研究所涵盖的城市图书馆单馆及城市图书馆体系数量，实现了分析样本在不同行政级别、不同服务人口规模及地区的较为全面的覆盖，国内具有典型发展意义的图书馆，如上海图书馆、首都图书馆、十五城市图书馆以及形成自身独特发展模式的嘉兴图书馆、东莞图书馆、佛山图书馆等均提交了业务数据，具有一定代表性；统计分析结果在一定程度上反映了我国城市图书馆的发展现状与建设特点；此外，本研究与"城市图书馆服务效能最佳实践案例（城市图书馆服务效能之星）"的评选工作相结合，反映了城市图书馆在阅读推广、资源建设、体系建设等方面的服务效能最佳实践，有利于促进与推动城市图书馆发展经验的分享与交流。

总的说来，本研究具有以下特点：①强调"单馆为点、体系为面"，以"点面结合"的方式对样本城市图书馆的发展现状进行统计梳理；②"以简御繁"，通过一个涵盖服务效能、保障条件和体系建设三大板块18个具体指标的评估指标体系，从总体上反映与城市图书馆发展息息相关的核心能力；③倡导"自愿参与、协作发展"，参与提交数据的城市图书馆单馆及体系数量较之去年呈现较大增长，且提交数据的图书馆已经突破了"城市图书馆研究合作伙伴计划"成员馆之范畴，说明通过自发分享与公开数据、实现馆际交流与共同发展之理念正得到广大城市图书馆同仁的认可；④推动"共享经验、良性互动"，中国城市图书馆年度报告的持续编制，以及"城市图书馆服务效能最佳实践案例（城市图书馆服务效能之星）"的评选工作，为分享城市图书馆建设经验提供了良好平台，将进一步推动城市图书馆之间的良性互动，达到共同发展的目标。

本研究是"城市图书馆研究合作伙伴计划"促进城市图书馆之间实现信息共享、推动业务交流的重要措施之一，力图展示城市图书馆这一整体形象。但在研究过程中亦存在一定的局限性，如：个别馆在网页访问量、数字阅读量、体系分馆的理解和统计口径方面尚存差异，仍需进一步规范和完善业务统计指标；不同级别图书馆在定位、功能及服务对象等方面存在较大差异，使用一套业务统计指标衡量其服务效能尚无法多维度、全方面反映各类型图书馆特点；此外，部分图书馆对信息公开心存顾虑，使得本研究所揭示的城市图书馆及其体系数量仍有限。今后，我们将进一步完善城市图书馆发展报告的统计指标、内容框架，并积极推动城市图书馆信息公开与业务交流，推进城市图书馆之间的良性互动，以达到共同发展的目标。

作为我国公共图书馆的中坚力量，城市图书馆在我国图书馆事业建设和发展过程中发挥着整体引领作用。在未来，城市图书馆必将继续助力个人与全民素养的提升、区域发展的均衡、社会成员发展机会的平等以及社会福祉的持续提高，并为城市发展提供强大的价值引领力、文化凝聚力和精神推动力。

致谢

感谢提供相关统计数据的城市图书馆。

参考文献

［1］"中国城市图书馆比较研究"课题组，肖鹏．《中国城市图书馆2017年度报告》简报［J］．图书馆建设，2018（12）：9-12.

［2］The LJ Index：Frequently asked questions（FAQ）［EB/OL］．［2022-01-03］．http：//lj.libraryjournal.com/stars-faq/.

［3］文化和旅游部公共文化司．《中华人民共和国公共图书馆法》为我国公共图书馆事业发展提供根本保障［J］．国家图书馆学刊，2018（2）：3-7,13.

［4］张靖，等．现代公共图书馆服务体系人力资源保障研究（一）：现状调查

[J].图书馆论坛,2019(1):70-79.

[5] 柯平.公共图书馆:文化新地标(墙内看花)[N/OL].人民日报(海外版),2018-09-27(12). http://paper.people.com.cn/rmrbhwb/html/2018-09/27/content_1883652.htm.

公共图书馆年度报告信息质量指数
（2018年简报）[①]

肖 鹏 王 影

中山大学信息管理学院，广州，510006

摘 要：年报制度是公共图书馆事业可持续发展的重要保障，为了考察中国公共图书馆年报的发布规模与信息质量，中山大学与广州图书馆建立"公共图书馆年度报告信息质量指数"研究项目，长期跟踪和反映中国公共图书馆年报的编制与公开情况。作为第一份简报，本文介绍了指数的计算方法与研究过程，并指出2018年度的公共图书馆年度报告有以下特点：年度整体公开程度仍有待提升；东部地区的年报信息质量明显较优，东北地区年报呈两极分化态势，中西部地区年报有较大提升空间；已公开年报的公共图书馆公开速度及时，但渠道相对单一；已公开年报的数据质量较高，但结构质量迫切需要改善。

关键词：年度报告；公共图书馆；信息质量指数

1 报告缘起

年报制度是公共图书馆事业可持续发展的重要保障，但年报的编制与公开情况一直未被列入公共图书馆的核心统计指标范围，这导致学

[①] 本文系广东省教学质量与教学改革工程"中山大学—广州图书馆实习教学基地"项目的研究成果之一。本报告由肖鹏策划，肖鹏、王影撰稿。提供支持与指导的人员还包括方家忠、肖红凌、宁亚龙，参与数据采集工作的成员包括潘乾、粟静、邓桂婷、何晓瑜、罗舒婷、农昭阳、邵苏晨、王创彪、王叶红、吴帝静、吴子帅、严昕然、俞佩君。

界、业界对年报的整体发布规模缺乏充分的认知。在中国图书馆学会公共图书馆分会城市图书馆工作委员会和广州图书馆的支持下，本研究团队分别在 2016 年 5 月和 2016 年 10 月展开了两次针对全国市级以上公共图书馆年报的调查工作，但当时的调查主要关注"是否编制了年报""年报编制时间""年报是否公开"等 6 个基本问题，内容较为简略。自此之后，广州图书馆、国家图书馆、中山大学、北京大学等机构围绕公共文化机构的年报制度展开了一系列合作与探索，已形成相对充分的研究沉淀。

在上述背景下，中山大学和广州图书馆在广东省教学质量与教学改革工程项目的支持下，建立了"公共图书馆年度报告信息质量指数"（IQI – PLAR）研究团队，拟在未来一段时期每年发布研究报告，跟踪和反映中国公共图书馆年报的公开与编制情况。本文作为此系列的第一份报告，反映了中国县区级以上公共图书馆（不含国家图书馆）编制和发布 2018 年年报的总体情况。"2018 年年报"指的是反映 2018 年 1 月 1 日到 12 月 31 日间图书馆设立、运营和服务情况的总结性报告文书，其发布时间主要分布在 2019 年到 2020 年上半年之间。

2 指数计算方法与研究过程

2.1 整体设计

根据前期的研究，研究团队认为，公共图书馆年报的质量主要体现在三个方面：公开质量、结构质量和数据质量。

首先，本报告将公共图书馆年报的"公开"视为年报的最关键要素，没有公开质量，结构质量和数据质量便无从谈起。公共文化机构的年报公开不仅有对应的法律支撑，在第六次国家公共图书馆评估、第五次国家文化馆评估中都对其公开路径或公开方式有明确的要求。经过激烈的内部讨论，研究团队认为：尽管部分机构通过纸质或微信、微博等其他形式发布年报，但纸质媒体并不利于普通民众的获取，而微信或微博所提供的年报往往为简要报道，不属于完整的公开行为。因此，公共图书馆应当通过官方网站提供完整的年报，才能被视为真正的"公开"。这一判断是否科学，还有待学界商榷。

其次，年报应该具有相对完整的结构。研究团队判断年报是否具有相对完整的结构，主要从以下 13 个结构特点展开考察：①独立文件：年报是否为独立的 PDF 或 WORD 格式文件或能展示为类似的形式；②封面：年报是否有独立封面；③摘要/简报：年报是否有简报、摘要、馆长来信或卷首语；④指标或数据说明：年报是否对数据或指标进行定义或作具体说明；⑤组织架构：年报是否有对图书馆组织架构（如理事会、部门组成、馆长、管理层情况）等的说明；⑥年度总结：年报是否对年度总体情况进行说明；⑦重点工作：年报是否报告了重点工作、活动、项目或计划的部署与落实情况，重大突发事件及其应对、处理情况；⑧部门情况：年报是否对每个部门的工作情况进行梳理；⑨业务数据：是否有专门的业务数据内容或板块；⑩总分馆体系：年报是否对总分馆体系建设与发展情况作出报告，或列出相关业务统计数据；⑪用户报告：年报是否有对用户的调查与需求分析；⑫大事记；⑬附录。

最后，年报应当反映较为重要的图书馆统计数据。通过对国内外年报的研究，我们认为，年报至少要覆盖 12 种重点数据（或相似的同类数据），包括：①服务人口数；②年财政拨款总额（图书馆总经费）；③年文献信息购置费（如纸质图书、数字图书的购置费）；④普通文献信息馆藏量（书或刊等）；⑤年普通文献信息新增藏量（书或刊等）；⑥图书馆员数量；⑦注册或持证用户量；⑧到馆访问人次；⑨年度活动场次；⑩参与活动人次；⑪年普通文献信息外借册次；⑫图书馆分馆、服务点数量。

2.2 计算方法

2020 年 7 月 22 日—8 月 26 日，研究团队展开公共图书馆年报资料搜集工作。课题组根据民政部公布的"2020 年 3 月中华人民共和国县以上行政区划代码"①，结合文化和旅游部相关文件，按照"省级—地市级—区县级"，形成中国各级行政区划的公共图书馆基本信息列表（根据相关评估精神，副省级机构在本文中统一被视为"地市级"），并逐一人工访问和搜寻图书馆的网络平台（包括网站、微信、微博）。

在获取相应的素材之后，研究团队开展了指数计算工作。我们将单馆年报的信息质量指数设置为 100 分，其中：

年报公开质量满分为 30 分，包括公开路径（10 分）与公开时间（20 分）。在公开路径方面，将官方网站视为年报的"主要公开路径"，微信公众号、微博等为"次要公开路径"。公开路径超过一种则视为符合"多重公开路径"指标，计满分；缺少主要公开路径或只有一种公开路径则视为不符合指标，不计分。在公开时间方面，以"月"为时间单位衡量年报的公开效率。年报在次年（即 2019 年）7 月之前（不含 7 月）公开视为及时公开，每推后一个月扣 3 分，扣完为止。

年报结构质量满分为 30 分，共有 13 个二级指标，分为独立文件、封面、摘要/简报、指标或数据说明、组织架构、年度总结、重点工作、部门情况、业务数据、总分馆体系、用户报告、大事记、附录。年报每有 1 个二级指标不符合扣 3 分，符合数低于 3 个则计为 0 分。

年报数据质量满分为 40 分，共有 12 个二级指标，分别为服务人口、财政拨款总额、文献信息购置费、普通文献信息馆藏量、普通文献信息新增藏量、图书馆员数量、注册/持证用户量、到馆访问人次、活动场次、参与活动人次、普通文献信息外借册次、分馆/服务点数量，且每个二级指标都要有"表达""值""单位"才视为符合。年报每有 1 个二级指标不符合扣 4 分，符合数低于 4 个则计为 0 分。

基于上述计算，单馆、市域、省域、区域和国家各级的公共图书馆信息年报质量指数计算公式如下：

（1）单馆信息质量指数 = 年报公开质量 + 年报结构质量 + 年报数据质量；

（2）市域信息质量指数 = 地市级馆信息质量指数 × 50% + 县区级

---

① http://www.mca.gov.cn///article/sj/xzqh/2020/2020/202007170301.html.

单馆信息质量指数之和/公开年报的单馆数（数量不低于3计算方有效）×50%；

（3）省域信息质量指数＝省级馆的信息质量指数×40%＋市级单馆信息质量指数之和/公开年报的单馆数（数量不低于3计算方有效）×30%＋县区级单馆信息质量指数之和/公开年报的单馆数（数量不低于3计算方有效）×30%；

（4）区域（分为东部、中部、西部、东北）信息质量指数＝省级单馆信息质量指数之和/公开年报的单馆数（数量不低于3计算方有效）×40%＋市级单馆信息质量指数之和/公开年报的单馆数（数量不低于3计算方有效）×30%＋县区级单馆信息质量指数之和/公开年报的单馆数（数量不低于3计算方有效）×30%；

（5）国家信息质量指数＝区域信息质量指数之和。

3 主要发现

3.1 年报的整体公开程度有较大提升空间

尽管第六次公共图书馆评估已经将年报的公开列为评估指标之一，但中国公共图书馆年报的公开程度仍有较大的提升空间。需要说明的是，研究团队对"年报"有一定的认定要求，尽管超过300家公共图书馆以"年报"为名发布了相关的文件或报道，但在数据筛选阶段，我们剔除了法人报告书、工作计划文书、财务决算、纯数据表格等相关文本。经过剔除工作，有71家公共图书馆（不含国家图书馆，不含港澳台地区）在官方网站上发布了严格意义上的年报或相关文本。其中，省级公共图书馆10家，含省级少儿图书馆1家；市级公共图书馆32家，含市级少儿图书馆2家；县区级公共图书馆29家。相比全国省级、市级和县区级的图书馆总数而言，公开年报的图书馆所占的比例是相对较低的。

从不同层级区域的公开情况来看。根据2.2中的指数计算方法，省域指数要求市、县区公开年报的图书馆数量各自不低于3才能计为有效数，区域指数要求省、市、县区公开年报的图书馆数量各自不低于3才能计为有效数。由于符合要求的年报数量较少，如果严格按照这一限制进行计算，则中国公共图书馆年报的信息质量指数仅为75.5881（指数A）；如果不考虑"最低3份"的限制，这一指数则为140.8381（指数B）。由于本报告是系列报告的第一个计算年度，上述指数还无法反映历年性的变化，但不难发现，有多个地区尚未能达到最低的公开机构数。

3.2 东部地区的年报信息质量具有明显优势

研究团队将中国（不含港澳台地区）划分为东部（北京、天津、河北、上海、江苏、浙江、福建、山东、广东、海南）、中部（山西、安徽、江西、河南、湖北和湖南）、西部（内蒙古、广西、重庆、四川、贵州、云南、西藏、陕西、甘肃、青海、宁夏、新疆）和东北（辽宁、吉林和黑龙江）4个区域，并计算对应的区域年报信息质量指数，具体可见表1。

表1 公共图书馆年报区域信息质量指数排名

区域指数	排名A	指数A	排名B	指数B
东部	1	45.6331	1	45.6331
西部	2	15.3450	4	15.3450
中部	3	14.6100	3	36.2100
东北	4	0.0000	2	43.6500
总计	—	75.5881	—	140.8381

总体来讲，尽管不同区域的信息质量指数与经济水平并非绝对正相关，但东部地区无疑表现出明显优势，无论采用何种计算方法，东部地区都稳居首位。根据指数A的计算方法（限制最低有效数），西部地区的信息质量指数位居第二；但改为根据指数B的计算方法（不限制最低有效数），其滑落较为明显。同样，东北地区的数字和排名也有较大变化。其原因在于指数计算公式中省级馆数据的比重较大，省级馆是否

公开年报对区域指数的影响非常显著。

具体到特定省份来看（表2），浙江、山东、安徽、上海、辽宁等年报信息质量指数占据较高排位。高排位的省份也以东部为主。而河北、内蒙古、贵州、湖南、湖北、西藏的年报信息指数排名较低。宁夏、黑龙江等由于公开年报的图书馆数量较少，在限制最低有效数的情况下指数为0（指数A）。从总体上来看，省域层面的指数A排名与指数B排名没有太大的差异。

表2 公共图书馆年报省域信息质量指数排名

省份	排名A	指数A	排名B	指数B
浙江	1	46.45	1	46.45
山东	2	32.6	3	38.6
安徽	3	31.2	6	35.3
上海	4	28.8	4	37.2
广西	5	26.8	9	26.8
辽宁	6	24.8	2	44.6
北京	7	21.2	5	36.8
四川	8	19.2	7	32.1
广东	9	18.5	10	18.5
江苏	10	13.95	8	29.25
吉林	11	13.6	12	13.6
陕西	12	10.0	17	10.0
宁夏	13	0	11	14.1
黑龙江	14	0	13	11.55
云南	15	0	14	11.4
福建	16	0	15	11.1
重庆	17	0	16	10.5
河北	18	0	18	6.6
内蒙古	19	0	19	6.0
贵州	20	0	20	5.4

续表

省份	排名 A	指数 A	排名 B	指数 B
湖南	21	0	21	4.5
湖北	22	0	22	3.0
西藏	23	0	23	0.6

3.3 年报公开较为及时，但公开渠道单一

从国际惯例来讲，年报最为适宜的公开时间是对应报告年份次年的6月底之前。以此计算，有一半以上公共图书馆都在2019年6月之前及时公开了2018年度的年报（表3）。在此时间点之前，有72.41%的县区级图书馆在官网上公开了年报，而省级和地市级公共图书馆也分别有40.00%和53.13%达到相应要求。履行了公开职责的图书馆总体上较为及时地公开了年报，但仍有不少图书馆在2020年才发布2018年度的年报。

表3 不同行政级别图书馆年报公开时间

公开时间		省级	市级	区级	共计
次年6月30日前	个数	4	17	21	42
	累计百分比	40.00%	53.13%	72.41%	59.15%
次年9月30日前	个数	5	18	21	44
	累计百分比	50.00%	56.25%	72.41%	61.97%
次年12月31日前	个数	5	19	21	45
	累计百分比	50.00%	59.38%	72.41%	63.38%
总数	个数	10	32	29	71

与此同时，公共图书馆的年报公开渠道较为单一，仅有14.08%的图书馆在官网之外，通过微博、微信等其他方式公开年报。根据表4，有20.00%的省级馆、15.63%的地市级馆和10.34%的县区级馆采用了多重路径实施公开。根据表5，东北地区和东部地区的公共图书馆的多重公开率相对较高，均在20.00%左右。

表4　不同行政级别图书馆年报公开路径

公开路径		省级	市级	区级	共计
有多重公开路径	个数	2	5	3	10
	百分比	20.00%	15.63%	10.34%	14.08%
总数	个数	10	32	29	71

表5　不同区域图书馆年报公开路径

公开路径		东部	东北	中部	西部	共计
有多重公开路径	个数	7	1	0	2	10
	百分比	17.95%	20.00%	0.00%	12.50%	14.08%
总数	个数	39	5	11	16	71

3.4　年报的编制结构亟须指导和优化

从信息结构来看，公共图书馆迫切需要关于年报结构的编制指引。根据研究团队的设想，一份相对完善的年报应该具备13个重要的结构特征，包括拥有封面、摘要/简报、指标或数据说明、大事记等。仅有5.63%的公共图书馆年报能够符合其中10个或更多的结构特征；其中，省级馆的年报结构质量最好，其结构的合理性远超后两者（表6）。从区域来看（表7），东部、西部地区的公共图书馆年报信息质量表现较佳。

表6　不同行政级别图书馆年报结构质量

结构质量		省级	市级	区级	共计
符合结构特征≥10个	个数	3	1	0	4
	百分比	30.00%	3.13%	0.00%	5.63%
符合结构特征7~9个	个数	6	5	3	14
	百分比	60.00%	15.63%	10.34%	19.72%

续表

结构质量		省级	市级	区级	共计
符合结构特征5~6个	个数	0	5	2	7
	百分比	0.00%	15.63%	6.90%	9.86%
符合结构特征1~4个	个数	1	16	20	37
	百分比	10.00%	50.00%	68.97%	52.11%
完全不符合	个数	0	5	4	9
	百分比	0.00%	15.63%	13.79%	12.68%
总数	个数	10	32	29	71

表7 不同区域图书馆年报结构质量

结构质量		东部	东北	中部	西部	共计
符合结构特征≥10项	个数	2	0	0	2	4
	百分比	5.13%	0.00%	0.00%	12.50%	5.63%
符合结构特征7~9项	个数	10	2	2	0	14
	百分比	25.64%	40.00%	18.18%	0.00%	19.72%
符合结构特征5~6项	个数	5	1	0	1	7
	百分比	12.82%	20.00%	0.00%	6.25%	9.86%
符合结构特征1~4项	个数	19	0	6	12	37
	百分比	48.72%	0.00%	54.55%	75.00%	52.11%
完全不符合	个数	3	2	3	1	9
	百分比	7.69%	40.00%	27.27%	6.25%	12.68%
总数	个数	39	5	11	16	71

3.5 年报的数据质量较高

与结构质量相比，我国公共图书馆年报重点数据的整体质量较高。根据研究团队的设计，一份年报应该至少覆盖12项重要数据，包括服务人口、财政拨款总额、文献信息购置费等。根据表8，近半数公共图书馆年报"覆盖 7 项或更多重要数据",而"完全不覆盖任何重要数据"的年报不足一成。七成省级馆年报覆盖 7 项或更多的重要数据,体现了省级馆相对领先的业务水平;地市级馆的年报数据质量同样表现突出,尤其要注意到,这一级别的年报极少有"完全不覆盖任何重要数据"的情况。

表 8 不同行政级别图书馆年报数据质量

数据质量		省级	市级	区级	共计
覆盖重要数据≥10 项	个数	3	10	8	21
	百分比	30.00%	31.25%	27.59%	29.58%
覆盖重要数据 7～9 项	个数	4	7	3	14
	百分比	40.00%	21.88%	10.34%	19.72%
覆盖重要数据 5～6 项	个数	2	5	3	10
	百分比	20.00%	15.63%	10.34%	14.08%
覆盖重要数据 1～4 项	个数	0	8	11	19
	百分比	0.00%	25.00%	37.93%	26.76%
完全不覆盖	个数	1	2	4	7
	百分比	10.00%	6.25%	13.79%	9.86%
总数	个数	10	32	29	71

从区域来看,不同区域之间差异巨大。如表 9 所示,东部地区过半数公共图书馆年报覆盖 7 项或更多的重要数据;东北地区公共图书馆年报数据质量和结构质量一样,都具有两极分化态势;中西部地区公共图书馆年报的数据质量则还有较大的提升空间。

表 9 不同区域图书馆年报数据质量

数据质量		东部	东北	中部	西部	共计
覆盖重要数据≥10 项	个数	14	1	2	4	21
	百分比	35.90%	20.00%	18.18%	25.00%	29.58%
覆盖重要数据为 7～9 项	个数	8	2	2	2	14
	百分比	20.51%	40.00%	18.18%	12.50%	19.72%

续表

数据质量		东部	东北	中部	西部	共计
覆盖重要数据为5~6项	个数	6	1	1	2	10
	百分比	15.38%	20.00%	9.09%	12.50%	14.08%
覆盖重要数据为1~4项	个数	8	0	5	6	19
	百分比	20.51%	0.00%	45.45%	37.50%	26.76%
全部不覆盖	个数	3	1	1	2	7
	百分比	7.69%	20.00%	9.09%	12.50%	9.86%
总数	个数	39	5	11	16	71

4 结 语

通过对中国公共图书馆 2018 年年报的全面调查，本简报的基本结论为：年报整体公开程度仍有待提升，东部地区的年报信息质量具有明显优势；已公开年报的公共图书馆整体而言公开及时，但公开渠道相对单一；已公开年报的数据质量较高，但结构质量迫切需要改善。作为对年报信息质量指数的首次尝试，本报告调查范围、计算公式、数据规范都存在需要改进之处，亟待学界、业界的批评指正。

需要说明的是，年报的编制和公开对于中国的公共图书馆而言仍属于一项发展中的新业务。本报告的目的不在于评定特定机构年报的优与劣，而在于推动中国公共图书馆的年报往一个更好的方向发展，因此在报告中不涉及任何具体公共图书馆的排名。

二、公共文化研究

新时代中国图书馆的未来发展趋势

程焕文

中山大学信息管理学院，广州，510006

摘　要：2021年接近尾声，根据《中华人民共和国国民经济和社会发展第十四个五年规划和2035年远景目标纲要》，中国图书馆界全面深入展开调查研究，精心组织起草，各系统、各级、各类图书馆形成"十四五"规划，并在开局之年，全面铺开和推动"十四五"时期的图书馆事业发展。回顾一年来的发展，中国图书馆界紧密贯彻国家"十四五"规划的精神，深入学习和贯彻党的十九届六中全会精神，坚持以人民为中心的工作导向，为建设社会主义文化强国，激发全民族文化创新创造活力，更好地构筑中国精神、中国价值、中国力量贡献力量。坚持以社会主义核心价值观引领文化建设，为社会主义先进文化、革命文化、中华优秀传统文化的传承和弘扬贡献力量，为推动中华优秀传统文化创造性转化、创新性发展，推动文化遗产保护事业发展贡献力量。面对新时代新要求，图书馆需要进一步明确未来的发展趋势和发展方向。

关键词：新时代；图书馆；图书馆事业；"十四五"时期

本文结合党的十九届六中全会精神，从三个方面来探讨新时代中国图书馆的未来发展趋势，以期对"十四五"期间，甚至2035年远景目标下中国图书馆的发展提供借鉴。

1　四个维度：趋势脸谱

如果为图书馆的未来发展趋势勾勒画像，当今的国内外图书馆界普遍能看到四张脸谱，它们分别来自学界、商界、业界和国家。这些脸谱展现的图书馆画像和发展水平存在较大的差异。其中，学界是占卜，主要是侃趋势；商界是基于利益的诱导，主要是造趋势；业界是基于实践的预测，主要是猜趋势；真正的趋势应是基于国家发展的战略，这是规律与制度的发展，主要是定趋势。面对这些不同的趋势脸谱，我们应有非常清醒的认识。

1.1 学界占卜：侃趋势

在图书馆发展的不同历史阶段，国内外学界的很多学者对图书馆做出过很多预测。纵观各个时期的一些终极的预测，归纳而言包括：自 20 世纪 70 年代开始至信息社会，很多学者认为图书馆的末日即将来临，甚至有学者对图书馆做了"验尸报告"，分析图书馆走向末日和死亡的过程和原因。最近几年来，一些学者甚至认为图书馆这个职业在未来将会消失。这种对图书馆这一职业在未来究竟是存在还是消失的预测实际上是不科学的。

1.2 商界诱导：造趋势

商界是关注图书馆发展趋势的重要群体，主要是 IT 界。在所有商业机构要推出新的产品时，均会选择提前造势。实际上，新的产品在正式进入市场前，其下一代的产品早已准备好。在这个过程中，商业机构会不间断地造势，以最大限度地引起市场的关注并促成选择。因此，我们对商界的图书馆发展趋势预测，一方面要予以关注，因为它反映了真实的 IT 技术发展情况；另一方面要时刻清醒地认识到其中利益诱导的成分。但总体来看，这种预测是有利的。如我们所知，大数据、云计算、区块链、人工智能等这些现代信息、网络技术确实在影响着图书馆的发展变化，推动图书馆快速地进入数字化、网络化、移动化的发展阶段，未来的 5G 同样对图书馆有很大的影响。同时应该注意的是，尽管这些技术对图书馆有影响，但是并不是所有的技术在实际的图书馆发展中被直接运用。这些技术对图书馆的实际影响有多大，我们必须有清醒的认识。目前，这些技术在图书馆的使用尚处于极为初级的阶段。图书馆员必须做到的是拥抱新技术、欢迎新技术，但对新的技术要有清醒的认知。图书馆在掌握新的技术趋势的前提下，应该根据实际发展需求，科学地选择技术，将技术与图书馆的发展更加完美地融合。

1.3 业界预测：猜趋势

国际图书馆组织和各类图书馆对业界发展的未来趋势同样有持续的预测。如国际图书馆协会联合会（IFLA，简称"国际图联"）曾编撰和发布过多份趋势报告，包括 2013 年、2016 年、2017 年、2018 年的，对世界图书馆的发展具有一定的参考价值。中国图书馆界也积极对国际图联的趋势报告开展分析、研究和阐释。值得注意的是，业界在对这些趋势报告进行阐释时，出现了方向性的偏差，即国际图联发布的趋势并不一定全面、科学地代表图书馆界的发展趋势。国际图联在 2013 年发布的《图书馆发展趋势报告》(*The Trend Report* 2013) 中说：图书馆究竟是要乘风破浪，还是要随波逐流？也就是说，图书馆究竟是要跟随学界、商界的造势，顺其造势发展，还是图书馆自身要主动地引领潮流。对此必须保持清醒的认识。在国际图联 2016 年发布的《图书馆发展趋势报告》(*The Trend Report* 2016) 中提出："预见，即便是不确定，也比不去预见好得多。"换言之，图书馆的未来究竟是怎样的发展，我们不能够置之不理，至少应该去科学地分析、理性地推理未来图书馆的发展趋势究竟是什么样的。因此，国际图联的趋势报告中的"趋势"只是基于国际图联对全球各地的相关专家进行的调查讨论提出的对图书馆发展趋势的预测，并不是一个确定的方向，而是一种可能、一种预测，以及图书馆有可能受到的影响进而发生的变化。这类报告每年的内容不一样，图书馆界应当将其作为思考图书馆未来发展的方向，而不是简单地将其奉为"信条"，还是要看到图书馆发展中的"变"与"不变"。国际图联明确地阐明其报告不一定是真正的未来趋势，只是根据图书馆当前的发展情况和未来可能会遇到的问题分析而来的某种未来的可能性。因此，我们在谈到图书馆未来发展趋势时，一定要看到哪些东西是不变的，哪些是变的。图书馆的价值就是图书馆在未来发展中不会改变的。图书馆的使命和价值在于让全世界人民能够自由、平等地获得信息、知识。这是图书馆作为社会文化机构的基本的核心价值、生存价值和职能所在，所以图书馆永远都不会消失。很多技术派认为技术能够取代很多人的工作，智能机器人可以取代图书馆和图书馆员。但实际上，社会发展的目标和未来社会并不是以技术取代人的发展，技术和智能机器人也不会完全取代人的功能。我们应该认识到技术应是图书馆发展的助力而不是取代者。图书馆最基本的核心价值、社会价值是没有变的，社会职能是没有变的，价值、职能没有变，所有的技术的发展就不是在破坏图书馆事业，而是在改变和推动这一事业，是图书馆发展变化的推动力，是让图书馆更加兴旺发达的助推力。例如，3D 打印一度成为图书馆关注和引进的重要设备和技术，但在实际服务中，这种设备技术既昂贵，读者需求性又较低，对图书馆的发展没有什么大的影响。

1.4 国家战略：定趋势

图书馆真正的趋势依托的是什么？是国家战略。国家战略为图书馆的未来发展确定了趋势，明确了任务和发展方向。以粤港澳大湾区发展为例，《粤港澳大湾区发展规划纲要》明确提出湾区的战略定位是将粤港澳大湾区发展成为充满活力的世界级城市群，具有全球影响力的国际科技创新中心，"一带一路"倡议的重要支撑，内地与港澳深度合作示范区，宜居宜业宜游的优质生活圈。至 2035 年，其发展目标是实现社会文明程度达到新高度，文化软实力显著增强，中华文化影响更加广泛深入，多元文化进一步交流融合。其中，湾区的文化发展目标是塑造湾区人文精神，共同推动文化繁荣发展，共建人文湾区。

《中国共产党第十九届中央委员会第五次全体会议公报》中关于社会主义现代化远景目标（2035 年基本实现）提出：建成文化强国、教育强国、人才强国、体育强国、健康中国，国民素质和社会文明程度达到新高度，国家文化软实力显著增强；基本公共服务实现均等化，城乡区域发展差距和居民生活水平差距显著缩小；人民生活更加美好，人的全面发展、全体人民共同富裕取得更为明显的实质性进展。繁荣发展文化事业和文化产业，坚持马克思主义在意识形态领域的指导地位，坚定文化自信，坚持以社会主义核心价值观引领文化建设，加强社会主义精神文明建设，围绕举旗帜、聚民心、育新人、兴文化、展形象的使命任务，促进满足人民文化需求和增强人民精神力量相统一，推进社会主义文化强国建设。要提高社会文明程度，提升公共文化服务水平，健全现代文化产业体系。这其中，基本公共服务实现均等化是文化发展最重要的任务和发展趋势，是国家将在未来着力推进的事情。

《中共中央关于制定国民经济和社会发展第十四个五年规划和二〇三五年远景目标的建议》全文15章，60条，20150字。其中文化章节为独立章节，共3条，1017字，围绕"繁荣发展文化事业和文化产业，提高国家文化软实力"，提出要实现社会文明程度得到新提高，社会主义核心价值观深入人心，人民思想道德素质、科学文化素质和身心健康素质明显提高，公共文化服务体系和文化产业体系更加健全，人民精神文化生活日益丰富，中华文化影响力进一步提升，中华民族凝聚力进一步增强。基本公共服务均等化水平明显提高，这将是图书馆长期发展的重大任务。中国社会的发展已转向高质量发展阶段，同时社会发展不平衡、不充分的问题仍然十分突出。中国图书馆事业的发展也存在同样的问题。一方面，经济发达地区的各类图书馆发展迅速；另一方面，经济欠发达地区的图书馆数量和质量较为低下。国家的战略是要提升公共文化服务水平。"十四五"规划第一次把文化部分纳入国家规划战略，显现了国家对文化发展的重视。要提升公共文化服务水平，未来将重点建设城乡公共文化服务体系、文化惠民工程、公共文化数字化。同时，优秀传统文化等文化遗产传承保护工作也将是未来发展的重点领域。

中国共产党第十九届中央委员会第六次全体会议通过的《中共中央关于党的百年奋斗重大成就和历史经验的决议》（以下简称《决议》）提出：建设社会主义文化强国，激发全民族文化创新创造活力，更好构筑中国精神、中国价值、中国力量，巩固全党全国各族人民团结奋斗的共同思想基础。深化马克思主义理论研究和建设，推进中国特色哲学社会科学学科体系、学术体系、话语体系建设。坚持以社会主义核心价值观引领文化建设，注重用社会主义先进文化、革命文化、中华优秀传统文化培根铸魂，广泛开展中国特色社会主义和中国梦宣传教育。深化群众性精神文明创建，建设新时代文明实践中心，推动学习大国建设。推进文化事业和文化产业全面发展，繁荣文艺创作，完善公共文化服务体系，为人民提供了更多更好的精神食粮。实施中华优秀传统文化传承发展工程，推动中华优秀传统文化创造性转化、创新性发展，增强全社会文物保护意识，加大文化遗产保护力度。加快国际传播能力建设，向世界讲好中国故事、中国共产党故事，传播好中国声音，促进人类文明交流互鉴，国家文化软实力、中华文化影响力明显提升。《决议》提出的以社会主义核心价值观引领文化建设，广泛开展中国特色社会主义和中国梦宣传教育，完善公共文化服务体系，实施中华优秀传统文化传承发展工程，推动中华优秀传统文化创造性转化、创新性发展，加大文化遗产保护力度，加快国际传播能力建设等，既是中国特色社会主义新时代文化建设的发展成就，也是未来文化建设的重点。因此，国家的战略就是图书馆未来的发展趋势。

2 四重场景：问题导向

以问题为导向是制定科学发展目标的基本要求。因此，图书馆在制定发展目标和规划时应对当前图书馆发展存在的问题进行科学、客观的审视、总结和分析。目前，图书馆发展存在不平衡、不充分、不协调、不理想四方面的突出问题。

（1）不平衡。不平衡是指区域发展不平衡，如中国东西部图书馆事业发展的不平衡问题。长江三角洲、珠江三角洲、粤港澳大湾区等东南部地区图书馆事业发展迅速，部分图书馆甚至已成为国际图书馆界的典范。但与此同时，中国西部地区的图书馆发展仍然处于发展中国家水平。即便是在广东省内，珠江三角洲、粤东、粤西、粤北发展也不平衡。

（2）不充分。不充分首先是指责任担当不充分，这是图书馆事业发展中另一个凸显的问题。中国的公共文化服务保障法律已实施多年，但各级、各地方政府在履行公共文化服务保障法的实践中存在较大的差异，显现了部分地方政府对文化服务保障工作责任的担当性不够。众所周知，公共文化的发展、公共图书馆的发展、整个图书馆事业的发展是政府的责任，而政府的责任担当是否充分，简单的评判是：图书馆办得好的地方，政府责任担当充分；反之，政府责任担当不充分。

社会参与的不充分。多年来，图书馆在社会参与方面的做法一般是通过政府购买服务、招募社会志愿者、与企业合作等，取得了较大的发展。但整体而言，中国图书馆的社会参与程度与欧美国家仍有很大的距离。

效能的发挥不充分。当前，无论是中国最先进的图书馆，还是一般的图书馆、落后的图书馆，所有的图书馆效能发展并不充分。

（3）不协调。体制的不协调是一个突出的问题。当前，中国正在构建中国现代化国家治理体系，而现有的体制与治理体系、治理能力有诸多不相称之处。法人治理结构的建设也推动了很久，但成效较弱。其中，文化系统中的文化馆和图书馆两种机构尽管共处一个系统，但各行其是。

资源建设和共享发展的不协调。在国家"十三五"规划实施之前，我国图书馆界大力倡导和加强各类文献资源的共建共享；但在"十三五"规划实施之后，基层图书馆的建设和发展成为重点，资源共建共享逐渐被忽视，资源建设的发展被弱化。

资源服务的不协调。图书馆的服务网点建设和发展不够系统，服务效率有待提升。近年来，全国各地的基础公共文化服务建设发展繁荣，各类新型的文化空间、阅读空间、共享空间发展也如火如荼；但从全国的发展来看仍极为不协调，经济发达地区和不发达地区之间的发展差异很大。基层公共文化服务建设主要有三个中心，即党群服务中心、新时代文明实践中心和基层综合文化服务中心。每个中心均强调了图书馆服务和文献资源的建设，但三个中心之间没有较好的协调机制。

（4）不理想。不理想是图书馆发展的另一个特点。各级各类图书馆长期面临着几大困扰，包括缺经费、缺馆员、缺读者，这种现实的困境严重制约了图书馆的发展。如果将图书馆比作一个人的话，图书馆缺经费就是"缺血"，缺馆员就是"缺钙"，缺读者就是"缺氧"。因此，

"补血""补钙""补氧"是图书馆未来发展的重点任务。

与此同时,图书馆保障率低、利用率低的问题凸显。在"十三五"期间,我国图书馆发展取得了好的成绩;但从图书保障率来看,我国的人均文献占有率仍然较低并极为不平衡。图书馆重要的两样东西,一是图书,二是馆,没有图书的馆不是图书馆。社会发展过程中,图书馆的价值在于保障民众的基本文化权益。图书馆无法做到基本的图书保障率,就无法实现其基本的社会价值。上海地区持证率30%,广州地区持证率20%,这是中国图书馆界发展相对好的地区;持证率低的地区百分比仅仅在个位数。同时,图书馆利用率低是另一个凸显的问题,全国图书馆界的整体图书借阅量不高,与国家对图书馆的投入不成正比。

3 四个重点:发展趋势(方向)

从扎根中国大地的发展角度来看,图书馆发展的方向究竟是什么其实一目了然。

一是城乡一体。在"十四五"时期乃至之后的很长时间里,图书馆的发展主线应该是高效地发展,应该是进一步推动构建一个全面、系统的服务体系。经过"十三五"期间基层图书馆的建设与发展,当前我们应该考虑的是如何做好省级、市级、县级三级图书馆网络的一体化发展。这个一体化的建设规划是十九届五中全会提出的,这是"十四五"期间图书馆的重点建设领域。过去,图书馆界在开展基层图书馆建设过程中忽视了图书馆网的建设。图书馆网包括两种网,一种是物理的网,一种是虚拟的网。在这两种网的建设过程中,如果省级、市级的图书馆不能作为区域的中心馆发挥作用的话,图书馆网络一体化发展将是空谈。近年来,广东省、浙江省等区域的图书馆开始推进这一建设和趋势的发展。因此,图书馆的发展还是要加强国家级、省级、市级的藏书中心、数据中心、服务中心的建设。资源和服务是图书馆的基础。没有这些基础建设,图书馆将无法从根本上提高效能。

二是加强创新。这个时代,图书馆已不再是可以单独发展的机构。国际图联近年来一直在强调要参与到所有的国际组织中去,包括全程参与到联合国的2030年持续发展计划中。图书馆不能再独立发展，必须融入整个社会的发展中去。同时，《公共图书馆法》中规定公共图书馆的任务是促进全面阅读。因此，促进全民阅读是图书馆重要的任务，也是图书馆重要的发展趋势。同样，大学图书馆的重要任务也是阅读推广。在当前建设学习型社会的背景下，推进全面阅读是政府的责任，图书馆则是推进全民阅读的主力。要切实地推进全面阅读，第一重要的是方向，其次是图书馆+。近年来，文旅融合、跨界融合、跨部门融合、跨区域融合发展成为重要的趋势，是目前最具创意、最能代表图书馆发展方向的活动。

与融合相关的是服务共享+。在数字化、网络化时代，共享性发展趋势越来越显著。实现图书馆等不同文化机构的功能、空间、项目、人员、服务等各个方面的共享，是发展的重要趋势。

三是智慧图书馆。近期，国家图书馆提出要推动传统图书馆向"智慧图书馆"转型，更好地满足人民群众多样化、个性化的阅读需求；提出了建设全国智慧图书馆体系的构想，推进共享借阅服务提升。这是国家文化战略的重要内容。高校同样在推进智慧校园、智慧图书馆的建设与发展。因此，智慧图书馆是未来图书馆的另一个重要发展方向。此外，国家"十四五"规划，甚至更长远的至2035年的发展规划中，基层公共数字文化服务是一个重要的内容。在国家战略规划下推进基层公共文化服务发展，是图书馆的重要职责。

四是示范引领。在过去的100年间，中国的图书馆事业一直是在学习追赶欧美的图书馆事业。进入新世纪，尤其是近十几年来，中国图书馆的发展尽管仍存在不平衡、不充分的问题，但在发达城市、发达地区的图书馆的发展不仅不落后于欧美地区的图书馆发展，而且已经领先于他们。因此，中国图书馆事业的发展应秉持道路自信，中国特色的图书馆事业发展是走在世界前列的，其发展经验、发展道路是正确的。在新时代，中国图书馆要思考的是如何向全世界展示我们的经验、我们的道路，思考如何引领世界图书馆的发展。具体到当前广东图书馆事业的发展，有两项任务明显非常重要。第一，是建设粤港澳人文湾区。在粤港澳大湾区的发展背景下，在广州、深圳双核驱动的发展思路下，在香港—深圳、广州南沙、珠海—澳门三个点的发展规划上，如何做好三地的交流融合，实现文化的多元化发展，是我们应该重点去思考的。如果粤港澳大湾区的文化交流融合达到了新的水平，实际上就是国际的图书馆的交流与融合，它提供了一个三种不同制度、体制下的融合发展的样板。第二，深圳作为党中央、国务院提出的最早的先行示范区，在过去40多年间，深圳公共图书馆事业发展一直是被视为中国特色社会主义制度下具有示范性、引领性的图书馆发展的代表，并且在未来的发展中，也始终将会走在全国的最前面。我们应该相信，以深圳图书馆为代表的图书馆发展经验不仅可以学习，而且可以复制，更重要的是可以在全国推广。

四重视角下的公共图书馆时代使命[①]

方家忠

广州图书馆，广州，510623

摘　要：报告从全国的视角讲体系建设，从行业的视角讲提升效能，从职业视角讲专业服务，从区域视角讲引领发展，来分享四重视野之下未来"十四五"时期甚至更长时间内，公共图书馆发展的展望。

关键词：时代使命；体系建设；提升效能；专业服务；引领发展

1　中国公共图书馆事业 40 年

我们处在一个伟大的时代，改革开放的时代；中山大学资讯管理学院是 40 年的历史，广州图书馆也将于 2022 年迎来建馆 40 周年。我们的个人生活、家庭、国家和公共图书馆事业，在这 40 年时间里发生了天翻地覆的变化。

从事业的角度看，这个时代的发展速度非常惊人。表 1 展示了从 1979 年到 2018 年 40 年的时间里，公共图书馆事业发展主要指标的数字。其中图书馆建筑这一指标，1979 年的时候万人均才 8.8 平方米，2018 年达到了 114 平方米，这与我们师生的直观经验一样：在每一个地方、不同层面都会有大量的、越来越多的图书馆设施，在为公众提供服务。在这些数字里面增长最快的是投入保障。例如人均购书费这个指标，1979 年，我们国家对公共图书馆事业的投资里面，用于购书的费

[①] 本文由任佳艺据广州图书馆方家忠馆长于 2020 年 9 月 12 日在中山大学资讯管理学院 40 周年院庆学术活动之学术前沿一席谈Ⅲ——"'十四五'公共图书馆事业展望"上的主旨报告整理。

用是人均两分钱，到了 2018 年是 1.766 元，粗看这个数字增加了 80 多倍。国家投入保障增长的现实表现是越来越多的设施、越来越丰富的馆藏、日渐壮大的专业人员队伍和越来越好的服务效益，这些数字比较好地说明了这些年来图书馆事业大步发展的一个基本历程。从之前 40 年的发展看，以后的发展速度也好，长远的发展也好，是让我们图书馆这个行业，让我们图书馆人充满信心的。事业发展这方面，资讯管理学院发展 40 年，我们所在的行业、事业发展 40 年，很多校友所在的机构，都通过大家共同努力取得了辉煌的成就，我们也将共同创造一个美好的未来。

表 1　1979—2018 年全国公共图书馆主要指标统计

年份	万人均建筑面积平方米	人均藏量/册（件）	年人均新增藏量/册（件）	人均购书费/元	人均年到馆/次	人均书刊文献外借/册次
1979	0.878	0.188	—	0.022	0.080	0.099
1980	9.321	0.202	—	0.023	0.092	0.120
1985	16.249	0.242	0.013	0.039	0.110	0.179
1990	28.513	0.254	0.008	0.074	0.109	0.177
1995	34.305	0.271	0.005	0.139	0.117	0.098
2000	47.198	0.323	0.005	0.293	0.149	0.133
2001	44.019	0.330	0.006	0.286	0.163	0.138
2002	45.371	0.332	0.007	0.326	0.171	0.156
2003	45.548	0.339	0.008	0.344	0.166	0.145
2004	48.089	0.355	0.009	0.391	0.170	0.143
2005	51.776	0.368	0.012	0.457	0.178	0.155
2006	54.691	0.381	0.013	0.503	0.192	0.160
2007	56.112	0.394	0.014	0.592	0.198	0.161
2008	58.734	0.415	0.016	0.631	0.212	0.174
2009	63.717	0.439	0.022	0.782	0.241	0.194

续表

年份	万人均建筑面积平方米	人均藏量/册（件）	年人均新增藏量/册（件）	人均购书费/元	人均年到馆/次	人均书刊文献外借/册次
2010	67.148	0.460	0.022	0.828	0.245	0.197
2011	73.841	0.474	0.030	0.917	0.278	0.211
2012	78.166	0.508	0.043	1.091	0.321	0.245
2013	85.139	0.550	0.036	1.220	0.362	0.300
2014	90.041	0.578	0.035	1.244	0.388	0.342
2015	95.790	0.610	0.037	1.434	0.428	0.370
2016	103.005	0.652	0.045	1.562	0.478	0.396
2017	109.006	0.697	0.051	1.701	0.536	0.396
2018	114.376	0.743	0.049	1.766	0.588	0.416

资料来源：中国国家图书馆研究院：《2018中国公共图书馆事业发展基础数据概览》。

从事业发展来讲，无疑需要专业院校，像中大的资讯管理学院、越来越多的一批优秀的资讯管理学院，需要专业知识和专业人才。在这些年的发展中，高校很好地发挥着人才培养者、研究支撑者、实践参与者、发展见证者等不同作用，对于公共图书馆事业发展有一个非常积极的作用。

2 新时期公共图书馆基本发展思路

在新时期——"十四五"时期甚至于更长远一点，公共图书馆发展的基本思路是什么？在全国范围之内，图书馆事业在"十四五"时期或者更长远时期应该怎么发展？整个行业在全国的框架里面发挥一个什么样的作用？作为从业人员，图书馆员如何去定位自己的使命？在全国的框架里面，像广东广州、东部地区、我们的机构、我们所在的城市、我们所在的地区又应该发挥什么作用？下面是从几个方面对这一问题的梳理。（图1）

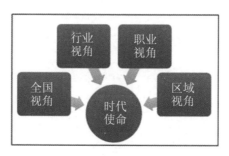

图 1 新时期公共图书馆基本发展思路

2.1 全国视角：公共图书馆事业的时代使命

从全国的视角看公共图书馆事业的时代使命，当然，公共图书馆事业的使命很多，但在我们这样的一个时代——"十四五"时期或者是说在我们国家基本上实现公共服务均等化的一个时期，就是到2035年之前，我们首要的任务、战略性的任务还是要建设体系。因为不管是《中华人民共和国公共文化服务保障法》还是《中华人民共和国公共图书馆法》，都把满足公众的需求、保障人民的文化权益作为我们事业发展的一个基本目标。而这个目标怎么实现？

首先是要把我们的服务送达需要的公众，即送达读者，这是最重要的一个任务。这个任务体现为我们公共文化服务体系建设，包括公共图书馆的体系建设。这里的体系建设是一个严格意义上的体系建设，不仅包括设施，也包括我们专业的资源、专业的服务、良好的效能。这个方面有一个数据可以说明问题，用中国和美国公共图书馆2016年、2017年的数字来做一个比较（表2）。因为公众的需求不好测度，可以用图书馆事业发展最好的国家和地区做一个标杆，以此作为我们事业发展、公众需求的参考。可以看到，在人均外借量这方面，中国目前的水平是美国公共图书馆服务水平的1/18，这个差距非常惊人。这不仅仅是事业发展水平的差距，也不仅仅是服务保障水平的差距，从很大程度上讲，这里面也包括我们公众对知识和信息需求的差距。当然，从前述总量的数据来看,中国跟美国的差距慢慢在缩小,甚至有些数字,比如说图书馆设施,最新统计的数据已经超过美国,且我们这几年还会有一个更快的发展。但人均的数据,就像我们的经济总量和人均经济水平一样,与发达国家相比还存在很大差距。对图书馆这个行业、公共图书馆的事业而言,我们服务水平的差距很大。这意味着我们满足需求、保障需求的水平和能力还很弱小,我们体系建设的这个任务、责任任重道远。

表2 中美公共图书馆数据比较

公共图书馆服务项目	图书馆机构/个	图书馆设施/个	设施平均服务人口/万人	访问量/亿人次	人均访问量/次
中国(2017年)	3166	24540	5.6645	7.4450	0.536
美国(2016年)	9057	17227	1.8762	13.5	4.36

公共图书馆服务项目	外借量/亿册次	人均外借量/册次	举办活动数/万场次	万人年均参加读者活动数/次
中国(2017年)	5.6091	0.3963	15.5590	637.14
美国(2016年)	22.3	7.19	518	3639.9

注:由《2017中国公共图书馆事业发展基础数据概览》和《中国图书馆年鉴2018》可知,2017年中国共有公共图书馆或服务点24540个,其中县级以上公共图书馆3166个,分馆19239个,流动图书车2135辆。

资料来源:同表1。

"十四五"时期首要的目标还是体系建设。就中国而言,到2035年,如果能够把总分馆体系建成,即能够延续当前层面的体系,在此基本上建设成一个比较完善的体系,包括设施、资源、服务、效益,不仅仅是一个设施的体系,这对中国的公共图书馆事业来说是一个巨大的进步,也是实实在在地让公共图书馆事业的发展、文化事业的发展,真正能够与国家的经济社会发展同步，与我们公众、人民对美好生活的向往、需求同步。这是从全国的视角来看公共图书馆事业的时代使命。当然，其他使命，如传承传统文化也很重要。但相对而言，在这之中也许差距最大的、我们最需要迫切发展的第一个任务，就是体系建设。

2.2 行业视角：图书馆行业的时代使命

在体系建设里面有很多主体，宏观来看有公众、政府、社会，也有图书馆这个行业。从行业的视角，在体系建设中，图书馆行业应该发挥什么作用？即图书馆行业的时代使命是什么？我们的使命是要提升效能，在专业的驱动之下，在创新的驱动之下去提升服务效能。一方面，在我们国家的公共图书馆体系即已有的公共文化设施之中，有一部分设施条件很好，与之相反，我们的服务效益还没有发挥出来。因为对很多基层图书馆来讲，哪怕它条件还比较薄弱，但它至少有一些设施，至少有一间书屋、有一支哪怕规模比较小的人员队伍，相对于效益发挥来讲，它实际上可以做的工作还有很多。也只有通过使已有的设施、资源发挥作用，才能够再争取政府投入、社会关注、社会参与，再来争取新建设施，再来争取体系建设。这一块，即行业提升效能可以发挥第一驱动力的作用。

"十四五"时期甚至于更长一段时间内，国家对公共图书馆事业或者公共文化事业的公共财政投入估计会比较紧张。这时候公共图书馆怎么办？如果这个时候服务效益还比较低下，就是已有的这些设施还不能充分发挥作用，不要说进一步地发展，能够保住我们目前这个阵地就算是不错的了。对图书馆这个行业来讲，我们要利用专业的知识、专业的能力，去推动已有的资源充分发挥作用。从图书馆行业来讲这就是我们最重要的时代使命。我们有三个主体、三种力量在驱动事业发展：公众需求拉动事业发展。像广州、珠江三角洲一些发展比较好的地方，图书馆事业在近十几二十年来进入了一个快速发展的阶段，从20世纪80年代以来，至少有两个阶段发展非常快，其最主要的、内在的原因是公众需求很强。政府保障、图书馆人的努力当然都是很重要的，但最重要的是公众的强烈需求，在拉动图书馆事业的发展，而我们正好迎合了这种需求。政府的重视和投入保障，是我们体系建设的一个主导的力量，起着主导的作用，政府是主要的主体。但这一方面要看政府是否有这样的经济实力，另一方面还要看政府的认识，对此有没有足够的重视。这两个条件都符合了，政府才会把钱、资源投入公共图书馆行业。社会参与，特别在现在的一个背景之下，"十四五"时期尤其强调社会参与的作用，因为公共财政资源投入有限，这时候尤其需要各种社会主体来参与到基本的公共服务、公益服务之中。图书馆行业需要利用专业知识、能力，让政府投入、社会参与投入的资源尽可能地发挥作用。这是公共图书馆行业新时期发展的一个最重要的使命，就是要把作用发挥出来，把图书馆机构、图书馆里面资源的作用充分发挥出来。

2.3 职业视角：图书馆员的时代使命

从图书馆员、图书馆职业的视角来讲，对每个个体而言，时代使命就是做好我们的专业服务。所谓创新服务、转型发展，以及背后的专业化管理运营，实际上都可以用专业服务来概括。有专业背景的图书馆从业人员，工作要做到跟没有专业背景的人不一样，我们的阅读组织要跟其他人员做的不一样；有专业背景的馆长应该要和没有专业背景的馆长，在工作的专业化程度上面不一样。很多地方的实践验证了这样一个想法。

图书馆员的职业使命很多。宏观来讲，在国家图书馆建馆 110 周年之际，习近平总书记给国家图书馆的老专家回信表达了图书馆传承文明、服务社会的基本使命。图书馆的使命，包括传播知识、传承文明，教育，信息传递，促进阅读，促进社会和谐、包容、平等，等等，这些使命都可以用专业服务这个宽泛的词来概括。

虽然在社会里面，医学、法律、教育、图书馆等都被称为专业领域，我们的服务都被称为专业服务，但相比较来说，我们的专业服务、专业化程度，与前面罗列的这些领域，特别是医学的领域，还是有相当的差距。这也是图书馆事业、图书馆职业、图书馆学教育的相关人员都需要思考的问题。我们要在职业体系之中，建立起资格、门槛这个体系。实际上只有高水平的专业资格保障，才能保证我们有高水平的专业组织和专业化的服务、管理、运营。

2.4 区域视角：广州公共图书馆事业的时代使命

从区域的视角来看，中山大学资讯管理学院主要是在广东、在南方提供服务。广东、广州，还有一些东部地区比其他地方条件略好一点，在这些地方，图书馆事业在新的时期有一个什么样的使命？毫无疑问，是一个引领发展、率先发展的使命。当然这首先要把自己的服务体系建好，要把自己的专业服务做好，同时我们要力所能及地为全国的图书馆事业发展，做出一点自己的贡献，做出一些探索。

表3是2017—2018年两年，广州市和全国公共图书馆投入保障和服务效能的比较数字。我们很高兴比较好地抓住了广州图书馆新馆建设和《广州市公共图书馆条例》地方立法、建设"图书馆之城"这两个大的机遇，它们推动广州图书馆、广州市的公共图书馆服务体系建设取得了长足的进步。看表3的数字，不管是要素、资源投入，还是基本公共服务方面的指标，跟全国相比确实处于一个比较高的水平。这些主要指标的比较，少的是2.2倍，多的到5.3倍。而且总体上来讲在2018—2019年，随着时间的推移，我们引领发展、率先发展的态势更明显。当然，从区域来讲，这是令人可喜的事情，但从国家来讲，我们还是希望国家总体上能有一个更快、更为均衡的发展，让公众普遍能够得到更为平等、均衡的服务。

表3 2017—2018年广州市与全国公共图书馆投入保障与服务效能比较

指标	2017年			2018年		
	广州	全国	广州：全国	广州	全国	广州：全国
馆舍建筑面积/（平方米/千人）	23.89	10.9	219%	27.23	11.44	238%
人均馆藏纸质信息资源/册（件）	1.49	0.7	213%	1.64	0.743	221%

续表

指标	2017年			2018年		
	广州	全国	广州:全国	广州	全国	广州:全国
人均年新增纸质信息资源/册（件）	0.182	0.051	357%	0.198	0.049	401%
工作人员配备（每名工作人员服务常住人口数量）/万人	1.16	2.41	208%	1.08	2.42	224%
人均经费投入/元	31.88	12.35	258%	30.26	12.57	241%
人均购书经费投入/元	8.39	1.7	494%	6.28	1.77	356%
公众人均访问量/次	1.44	0.54	267%	1.63	0.59	277%
公众人均外借文献量/册次	1.82	0.4	455%	1.92	0.42	462%
注册读者率/%	18.71	4.85	386%	21.3	5.21	409%
公众对公共图书馆活动参与率/%	34.81	6.37	546%	40.64	7.63	533%
公众人均对数字图书馆资源下载浏览量/篇（册）次	3.74	1.4（图书馆网页访问量）	267%	5.82	1.47（图书馆网页访问量）	396%

资料来源：广州市公共图书馆数据来源于《广州"图书馆之城"建设年度报告2018》，全国公共图书馆数据来源于《2018中国公共图书馆事业发展基础数据概览》《2017年中国公共图书馆事业发展基础数据概览》。

今年广州图书馆也在编制"十四五"发展规划，广州市"图书馆之城"也正在谋划做"十四五"的规划。规划中的基本定位，要将我们放在全国的视野里面，发挥一个引领发展、率先发展的作用。

3 结　语

从全国的视角、行业的视角、职业的视角到区域的视角，对应来讲，我们的时代使命最重要的分别是建设体系、提升效能、专业服务和引领发展。相应地，从我们的事业、教育、人才、就业、职业前景来讲，以全国的视角看体系建设，既看到我们的使命很光荣，责任很重大，也看到事业、教育、人才的前景是非常广阔的；从行业视角来讲，在提升效能的过程之中专业的价值会充分体现出来，专业水平在提升效能、发挥图书馆机构和图书馆机制作用的过程中，会充分体现出来；从职业视角来讲，正因为我们有不同于普通公共服务的专业服务，我们对职业前景可以说是充满信心的；从区域视角来讲，这与中山大学资讯管理学院关系更为密切，我们学院、图书馆机构、人才队伍实际上是一个共同体，其前途是非常光明的。

回归到庆祝资讯管理学院建院 40 周年、学术研讨主题上来讲，我们事业的发展需要图书馆学专业教育和科研支撑，需要资讯管理学院在新的 5 年、10 年、40 年，得到更充分的发展，这是社会的需要、国家的需要、事业发展的需要。中国当代图书馆事业的发展也需要我们的校友、图书馆学专业的同学们，将之引以为个人的事业。

基层公共文化服务
——来自南海区图书馆总分馆服务体系的报告①

陈 渊

南海区图书馆，佛山南海，528200

摘　要：在我国，随着国家财政对公共文化支持力度的增大，公共文化服务内容越来越丰富，公共图书馆已经成为公共文化服务的重要组成部分，基层公共图书馆的发展环境也越来越好。报告结合佛山市南海区基层公共文化服务发展的实际情况，分别从建设体系、管理体系和理论体系三个方面展示了南海区图书馆总分馆服务体系建设全景，以抛砖引玉，期待更多人关注基层公共图书馆，关注基层公共文化服务体系建设。

关键词：基层图书馆；公共文化服务；总分馆；服务体系建设

南海区图书馆是广东省文化厅（现为广东省文化和旅游厅）第二批总分馆试点单位，独具特色的南海区总分馆体系建设通过验收后，南海区由试点转为示范地区。南海区图书馆总分馆建设的一大亮点为总分馆服务体系末端建设，即南海区已经用读书驿站（24 小时自助图书馆）全面替代基层服务点和部分替代农家书屋。报告主要从三个方面进行介绍：一是南海的公共文化概况，二是南海区图书馆总分馆服务体系，三是南海区图书馆总分馆服务体系产生的社会效益。

1　南海公共文化概况

南海地处珠江三角洲腹地，曾是广东首县，秦始皇三十三年（前

---

① 本文根据佛山市南海区图书馆陈渊馆长于 2020 年 10 月 15 日在中山大学资讯管理学院所做报告整理。

214）设南海郡，隋开皇十年（590）以番禺县改置南海县。南海自古经济发达，商贸繁荣，文教鼎盛，创造了举世闻名的"桑基鱼塘""果基鱼塘"生态农业模式，是广东省著名的"鱼米之乡""纺织之乡"，也是粤剧、舞狮等粤文化的发源地和传承地之一，培育了古代文状元简文会、张镇孙、伦文叙，武状元姚大宁，近代历史名人有詹天佑、邹伯奇、陈启沅、何香凝、康有为等。1992 年，撤销南海县设立南海市；2002 年 12 月，南海撤市设区。南海是著名的"广东四小虎"之一，是经济与社会和谐发展的先进城市，是国家信息化示范城市、国家卫生城市、中国优秀旅游城市、全国文化先进县、全国区域技术创新示范城市、广东省教育强区、中国最具幸福感十强县等。从 2014 年开始，在全国综合实力百强区排名中，南海连续 6 年位列第二名。

现在的南海区辖 6 个镇、1 个街道，共 66 个村委会、220 个居委会。面积 1073.82 平方公里，常住人口 303.17 万人，户籍人口 160.06 万人。全区 GDP 为 3176.62 亿元，常住人口人均 GDP 为 10.70 万元；居民人均可支配收入 5.53 万元。共有三星级酒店 3 家，四星级酒店 1 家，五星级酒店 1 家。拥有中国驰名商标 63 件，在佛山市五区中排名第一。各类各级学校 618 所（小学 137 所，初中 59 所，普通高中 19 所，职校 6 所，幼儿园 397 所）。至今已有中外院士 5 人，国家重大人才工程入选者 56 人，国家"万人计划"专家 5 人，省领军人才 5 人。

在公共文化建设方面，南海目前有公共图书馆（含读书驿站）200 个，藏书总量 281 万册；有文化馆 1 间，镇文化站 7 个，农村文化室 327 间；有博物馆 10 家（其中国有 2 家，非国有 8 家）；有艺术馆（展览馆）23 家；有电影放映企业 64 家，影剧院 2 间。

当前，"十四五"规划正在策划中，南海未来文化建设的发展方向从"三大中心"——文化中心、体育中心和艺术中心可见一斑。这三大中心的财政经费预算是人大已经通过的，准备投 100 亿元来建。文化中心位于南海地标——千灯湖，总的建筑面积是 17 万平方米，有 4 栋楼，分为 5 个馆和 2 个大中心，南海区图书馆新馆就是其中的一个馆，面积为 2.2 万平方米；体育中心位于佛山西站枢纽新城，明年 9 月佛山市运动会将在那里举行；艺术中心位于千灯湖中轴现代服务业会展中心，艺术中心目前还在深化设计阶段。这三个中心将来是南海区公共文化建设一个大的亮点，一个大的铺排。当然，南海各个镇还有文化中心，包括桂城的映月湖文化中心、里水的文化中心、大沥的三大文化中心和西樵现在即将交付使用的樵山文化中心。所以，再过几年，预计"十四五"期末南海公共文化的亮点会是很多的。

2 南海区图书馆总分馆服务体系

近几年，总分馆建设在我国正如火如荼地开展着，长江三角洲、珠江三角洲各有特色，中西部地区也都在因地制宜开展这项工作。大家都知道，总分馆建设相对容易，难在后期的持续发展和运行管理。南海区图书馆总分馆建设能够成为业界翘楚，主要是因为其在运行管理过程中实现了建设、管理和理论的体系化，三驾马车并驾齐驱，为总分馆服务体系实现良性可持续发展提供了坚实的保障。

2.1 建设体系

2.1.1 建设背景

我国自助图书馆的起步比国外晚，总体来说，大致经历了探索期（2005—2009年）、快速发展期（2010—2012年）、完善期（2013年至今）。与国内大多数地区一样，2012年前后，在图书馆服务改革与探索中，南海区也面临区、镇图书馆资源难以盘活，村居一级的农家书屋服务资源与服务时间不足，图书资源陈旧，未能满足群众需求等难题。为了改善这种供需失衡的状态，2012年7月，南海区图书馆引入RFID自助设备，率先实现传统馆自助化改造。同时，积极应对阅读发展趋势，思考服务变革和资源整合新方向，一个基于服务"零"距离的"基层图书馆建设和服务新模式"悄然进入概念孵化。这个大胆超前的畅想，成为南海区图书馆跨越式发展的新开端。2013年，该新模式快速由概念草图转化为空间模型。同年7月，南海第一间社区读书驿站在桂城万科金色家园正式投入使用，这也是全国第一间户外组装型、自助式、智能化的便民书屋。它能提供 24 小时无人值守免费服务，从此读书驿站开始进入读者视野，得到社会的关注。2014 年 10 月，在区文体局的大力支持下，南海区图书馆在桂城花苑广场、保利花园、中海万锦豪园先后增设 3 间社区读书驿站示范点，当年累计建成 11 间。这一阶段，读书驿站扎实推进功能试验、模式创新、运营提升、反馈收集以及建章立制等。2015 年，读书驿站试点全面覆盖南海区 7 个镇街，累计建成 19 间，随着网点的全面铺开，服务人群更加广泛，模块功能更加稳定，影响力进一步提升。2016 年开始，读书驿站进入规模化发展阶段，至 2017 年底已建成并投入使用的有 137 间。2018 年，读书驿站进入提质增效阶段，建设速度慢慢降下来，更加注重品质、效益和特色驿站建设，运行管理进入精细化阶段。至 2019 年底，全区读书驿站的数量为 186 间，其中主题特色驿站有 5 间，分别是党群服务、文旅融合、地情村史、乡村振兴和地方产业，面积均在 150 平方米以上。

　　总分馆建设方面，南海区开始得比较晚。2015 年，广东省文化厅开始在省内创建第一批图书馆总分馆制试点，佛山市禅城区入选第一批图书馆总分馆试点建设。2016 年 11 月，南海区成功获批广东省第二批图书馆总分馆试点建设项目。由此，2017 年 1 月开始，南海区正式转入图书馆总分馆制试点建设，并以建成总分馆制"示范区"为最终目标，以读书驿站全面代替基层公共文化服务末端为发展思路。在南海区委、区政府的坚强领导下，图书馆上下齐心，以读书驿站（24 小时自助图书馆）建设为抓手，以政府与社会资本合作为模式，沿区、镇交通主干线 1 万人口以上的社区进行读书驿站建设布点，并结合农家书屋的升级和整合替代，实现公共图书馆服务"一点一线"网格化全区覆盖，构建了高效、完善的公共图书馆服务体系和"城乡十分钟文化服务圈"，所有读书驿站的日常运营管理由区总馆统一负责，强有力地保障了总分馆末端建设和基层服务的规范化和可持续性。由此逐步解决或完善了图书资源难以盘活、图书馆服务不均衡、图书馆人力不足、开放时间不足、群众借书难和图书资源陈旧等问题，使得南海区图书馆总分馆建设体系的建设思路更加清晰，并逐步形成以

"明确的建设目标""完善的建设机制""系统化的建设方式""多元化的资金投入""合理化的建设流程""规范化的建设标准"为主的建设体系。

2.1.2 建设模式

一是政府主导多元投入,形成总分馆长效发展机制。南海区委、区政府高度重视全区各级公共图书馆的统筹规划,不断创新发展理念,在佛山市联合图书馆服务体系建设框架下,积极构建区总馆、镇街分馆和读书驿站(服务点)等三级总分馆服务体系,重点落实南海全区各级政府的主体建设责任。2016 年,南海区在《佛山市南海区文化事业发展资金使用管理办法》中新增了"读书驿站建设奖励",通过"以奖代补"的方式,调动区、镇两级财政及企业、社区(村居)和各类机构等社会力量参与图书馆基层服务点(读书驿站)建设的积极性,拓展建设资金投入来源,面向社会购买建后维护、运营、物流等社会化服务,形成政府主导、社会参与、多元投入、协力建设的格局。据不完全统计,2016—2019 年,通过"以奖代补"的方式鼓励社会参与读书驿站建设,南海区三级财政共投入读书驿站建设经费 2625 万元,补贴基层读书驿站购书经费约 290 万元,撬动 6000 多万元的社会资金。

二是"读书驿站"全面替代基层服务点,强化总分馆末端建设。读书驿站是一个利用信息化和 RFID 技术、凭居民身份证进入、无人值守、24 小时免费开放的自助图书馆。截至 2019 年底,共有 186 间读书驿站全面投入运营,实现每 1.52 万常住人口拥有一个小型基层图书馆的国际先进水平,所有读书驿站的日常运营管理由区总馆统一负责,强有力地保障了总分馆末端建设和基层服务的规范化和可持续性。

三是借助读书驿站服务平台,推动全民阅读向广深化发展。以全区大小、形态不一的读书驿站作为开展全民阅读的服务平台,定期向遍布在各镇(街道)的读书驿站配送系列阅读品牌活动,并在条件成熟的读书驿站设立"有为讲坛"分坛和"桂花树下""灯湖阅读"活动基地,分馆或中心驿站在总馆的指导下,与政府机关、科研单位、知名企业、新闻媒体、社会团体、民间组织以及高等院校等开展社会合作，汇聚各方资源优势，创造出满足各方需求、合作共赢的公共文化产品，从而有效地促进图书馆服务的精细化、品质化、平民化，推动全民阅读向广深化发展。

四是创新文化志愿服务，助推公共文化服务体系健康持续。南海区图书馆积极探索"社工＋义工"和"学生馆长"文化志愿服务模式，充分发挥志愿者在公共文化服务项目中策划、组织、实施方面的主体作用，定期组织阅读推广活动，满足社区居民的公共文化需求，充分调动义工参与、协助、配合社工实施阅读服务项目的积极性，以"社工引领义工、义工协助社工""社工策划项目、义工推广项目"，并创造性结合校园"读书驿站"特点，让学生以文化志愿者的身份担任"学生馆长"，组织开展阅读推广活动等方式，形成"社区、社工、义工"三联动的良性循环服务链，推进总分馆文化志愿服务健康有序发展。

2.2 管理体系

2.2.1 管理制度

一是人员管理制度。南海区图书馆总分馆采取多种人员机制融合管理的方式，目前工作人员主要分为三类：第一类是图书馆在职员工（含事业编制人员、辅员），区馆37人，分馆31人，共68人，占比为59%；第二类是通过购买服务项目形式雇佣的从业人员，区馆27人，分馆0人，共27人，占比为23%；第三类是通过购买服务形式雇佣的专职图书馆人员，区馆15人，分馆6人，共21人，占比为18%。这三类工作人员都有相应的人事管理制度、考勤制度和奖惩制度等。同时，跟别的地方一样，南海区图书馆也有很多的文化志愿者，他们通过各项志愿服务参与到图书馆各项辅助管理及服务中，也会有相应的招募制度、考勤制度和评分制度等。

二是运营管理制度。众多实践证明，图书馆总分馆制度运用得当，必将对图书馆事业起到巨大的推动作用。总馆负责综合性的考量，各分馆也不必再重复以往大而全、小而全的经营管理方式，为读者提供的主动服务的比例自然会大有提高，且不断增长和深化。总分馆制度本身要求必须高度重视乡镇图书馆、社区图书馆的布局和结构，在充分考虑各个分馆的属性和特性之后，综合资金、人力、物力方面的投入，以便于持续性地发展总分馆日常运营管理工作、推动城乡一体化公共文化服务。为了规范总分馆的日常运行，南海区图书馆先后制定了《南海区智慧图书馆（24小时读书驿站）管理细则》《南海区图书馆总分馆管理办法》《南海区图书馆总分馆考评细则》《监控室管理工作制度》《运营周报制度》《总分馆运营管理日常例会制度》《南海区智慧图书馆（24小时读书驿站）安全生产应急预案》《南海区图书馆读书驿站配书中心管理规定》《读书驿站巡检维护工作规范》《南海区读书驿站意识形态安全规定》等制度，在很大程度上保证了图书馆总分馆服务的科学运作和可持续性发展。

2.2.2 管理形式

南海区图书馆着重构建"两个三"管理体系。首先是"总馆—分馆—读书驿站三级联动"。总馆在区文广旅体局的指导下，统筹全区公共图书馆事业发展与规划，负责总分馆具体业务的管理和执行；分馆按照总馆的工作安排和服务标准，面向基层群众提供与总馆水平相当的基本服务；读书驿站在总馆和分馆的协同指导下开展延伸服务和读书活动，收集市民的阅读需求和反馈评价等。其次，南海区图书馆2016年11月成立了总分馆建设办公室，下设三个中心（图1）。三个中心相互协作支撑：管理中心承担总分馆日常管理、读书驿站建设、安全应急响应和大数据收集分析工作；配书中心承担驿站中转书库的库藏管理、读书驿站的日常运营及图书配送更换工作；编目中心承担总分馆图书采访计划、图书编目加工和文献验收工作。"两个三"管理体系的运作，使图书馆管理制度、人员、技术及各中心的管理职能得到有效的实施，从而有效地推动了图书馆总分馆体系的运营和发展。

图 1　南海区图书馆总分馆三大中心

2.2.3　管理技术

随着信息技术的革新，互联网、云计算、大数据等新生理念推动了社会经济的快速发展，人们的生活环境也随之发生了翻天覆地的变化，图书馆的各种读者服务也要顺势而为。除了南海区图书馆总分馆日常运行管理中需要运用到的实时应急呼叫通信、远程监控、阿里的钉钉监管软件技术以外，围绕"大数据"这一时代主题，南海区图书馆将大数据服务理念和相关技术应用于日常业务中，进一步提升了图书馆的信息化、智能化服务水平，从而使图书馆业务和大数据服务深度融合。近年来，南海区图书馆总分馆管理中心充分利用云服务管理平台的计算功能，通过分析流通过程中产生的一系列服务数据，积极探索主动服务模式。例如，2017 年 3 月，正式将读书驿站标入高德导航地图（图 2），读者只需要在手机地图上搜索附近的读书驿站，系统就会自动跳出离用户最近的一家读书驿站的名称，并有具体的距离路程和路线指引。同时，根据第六次全国公共图书馆评估要求，管理中心每月定期向社会公布服务数据，在每年的"4·23 世界读书日"发布上一年度的运营数据，并通过《南海区全民阅读白皮书》提供详细的数据分析。

图 2　高德导航地图显示附近读书驿站

2.2.4　宣传推广

传统媒介方面，继续发挥报纸、电视、电台的优势，一般图书馆方面有大型活动，《佛山日报》《珠江时报》还有南海电视台的记者都会派人过来采访。为了扩大影响力，2017 年南海区图书馆在《中国文化报》上做过新闻报道；2019 年上半年《图书馆报》的记者主动找到我，并连续做了两期的专题报道；去年 9 月 4 日，区文广旅体局分管图书馆的副局长和我被邀请走进佛山电台 FM94.6 直播间。新媒体方面，主要是通过微信公众号和触屏设备,每个读书驿站都配置了一台歌德机,部分站点有读报机,触屏设备不仅可以看电子书、电子报刊,还可以了解南海图书馆总分馆活动动态,了解地方文化信息。与此同时,通过官方网站、年报、白皮书和总分馆宣传内刊定期推送南海区阅读大数据、总分馆活动公告。目前,白皮书已经连续出了4年,年报出了3年,总分馆宣传内刊也是出了4年,每个月出一期。作为基层图书馆,南海区图书馆人财物都相对有限,能做到这样已是相当不容易。同时,为了加强与广东省内图书馆同行之间的协作协调,树立我馆在业界的形象和提升影响力,2018—2019年,先后承办3次省级业务交流会议,安排同行学员现场参观活动。在参观过程中,一方面,专家、同行对南海区整个公共文化服务体系的建设和读书驿站的运营管理给予高度好评,他们对南海区图书馆事业有了全新和直观的认识,从而很好地宣传了南海区的图书馆总分馆建设;另一方面,专家、同行也对南海区总分馆的发展提出了一些良好的建议,使南海区图书馆深受启发,对于日后提升总分馆的管理水平具有很好的推动作用。

2.3 理论体系

2.3.1 向外寻求专家建言献策

南海区图书馆结合总分馆创建工作从实践向理论提升的要求,通过召开专家咨询会、研讨会等方式,邀请省内外专家学者为南海区图书馆总分馆体系建设建言献策,邀请高校专业团队,指导申报图书馆相关研究课题、研究总分馆体系发展的相关问题以及撰写发布研究成果。2017年6月28日,南海图书馆组织召开"南海区图书馆总分馆服务体系建设专家咨询会",邀请了刘洪辉、方家忠、张岩、刘洪等专家与会,会议确定了南海区图书馆总分馆发展的顶层设计、制度设计、精细化管理和后期发展速度等。2018年1月31日,南海区图书馆召开读书驿站"宣传与策划"研讨会,邀请浙江大学李超平等专家与会,会议确定了读书驿站的"主题化、特色化"发展路线,读书驿站开始进入提质增效阶段。

2.3.2 向内提升馆员科研能力

南海区图书馆自创建总分馆制以来，经过近 4 年的建设和发展，目前已取得较为显著的成效。特别是在 2018 年的总分馆试点验收工作中，总馆与分馆齐心合力，积极探索，在各个环节都留下了一些宝贵的实践经验。为更好地推进图书馆总分馆工作，有效提升馆员的科研水平，结合总分馆创建工作从实践向理论提升的要求，南海区图书馆于 2018 年向广东图书馆学会申报"基层图书馆服务体系创新研究——以南海区图书馆总分馆为例"和"基于大数据的图书馆服务创新研究——以佛山市南海区读书驿站为例"两个课题，并成功获得立项。为进一步丰富总分馆制建设工作中的科研成果，课题组以此为契机，拟正式出版以图书馆总分馆工作为主题的论文集。同时，根据总分馆服务体系业务发展需要，对工作人员分层次、分岗位开展业务培训，进一步提升他们的理论水平和业务能力。

3 南海区图书馆总分馆服务体系产生的社会效益

3.1 破解公共图书馆基层体系建设难题

总分馆建设通过上下横向多方联动、资源共享，读书驿站更是以成本低廉、选址灵活、服务便捷、藏书更新快、安全稳定、应急处理简单等功能特点，有效填补基层服务盲区，破解了基层图书馆面临的人员、经费、资源不足和阵地局限等瓶颈问题，一定程度上解除了基层服务点的人财物负担，真正解决了基层群众"借书难、看书难"的问题，因而深受当地居民的欢迎和好评。同时，读书驿站的出现转变了政府提供公共文化服务的思路和做法，并直接加快和推动了村（社区）图书馆或"农家书屋"的转型升级，进一步完善了公共图书馆服务体系。

3.2 大幅度提升公共文化服务效能

自实行总分馆制以来,公共文化服务效能显著提高,2017—2019年,全区图书馆进馆人数逐年攀升(图3);文献流通量成倍数增长,其中2017年开始,随着读书驿站数量的增加,读书驿站的流通量超过总馆和7个镇街分馆流通总量的一半(图4);随着读书驿站数量的增加,因其便利性和灵活性等特点,导致南海区图书馆总馆的流通量出现略微的下降趋势(图5);2019年,顺德区图书馆开始加入联合馆,尽管如此,南海区的文献总流通量依然占25.71%,居五区之首,其中读书驿站的流通量是传统图书馆流通总量的2倍(图6)。

图3 总分馆到馆人数情况

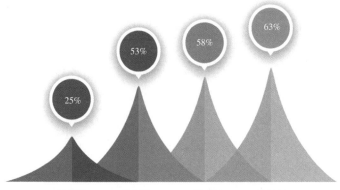

2017年起，读书驿站的流通量占比超过总分馆总流通量的一半

图4　读书驿站流通量占比情况

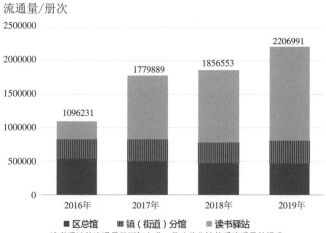

读书驿站的流通量呈逐年上升，带动总分馆体系流通量的提升

图5　总分馆流通量情况

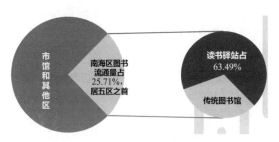

图6　2019年全市文献流通量情况

3.3 有效推动总分馆建设可持续发展

读书驿站是总分馆建设的一种创新模式，是对传统图书馆总分馆建设的一个有效补充。总馆直接负责读书驿站的建设，参与读书驿站的管理，解决了总分馆建设中最老大难的运行管理问题，从而能够保证总分馆建设的健康发展。此外，利用大数据云平台，通过智慧化的图书网络，以读书驿站为基层文化服务终端，使得区、镇中心图书馆服务功能得以外延扩张，实现了总馆功能的最大化辐射；通过完善的图书配送体系，实现了全区甚至全市公共图书馆藏书的大循环、大流动，提高了各类文献资源的利用率，盘活了传统体制下各级图书馆滞留的文献资源，从而快速有效地推动了本地区图书馆总分馆的建设与可持续发展。

3.4 衍生出系列优秀的读者活动品牌

图书馆品牌化定位的前提和基础就是充分把握知识群体的需要，只有形成自己的特色品牌，才能吸引更多的读者爱上阅读，形成强大的"粉丝团"，提升图书馆的社会影响力。在实施总分馆体系建设的过程中，南海区图书馆充分发挥现有的资源优势，整合已经相对成熟的、能够实现可持续发展的系列读者活动，如"有为讲坛"、"桂花树下"少儿活动；开发研究新的符合读者阅读需求的活动品牌，如学生馆长、灯湖阅读、迷你阅读马拉松、领读者。在构建特色服务品牌的过程中，南海区图书馆主要坚持三个原则：一是活动品牌要能够激发用户的兴趣、具有广泛的吸引力，二是活动品牌能够展示出图书馆的核心竞争力，三是活动品牌可以满足用户在阅读方面的不同需要。实践证明，品牌读者活动的形成对扩大图书馆的社会影响力、增加人气、提高文献流通量等方面都具有十分重要的作用。

3.5 助推全民阅读工作深入开展

读书驿站在选址方面,充分考虑服务人口,一般设置在人流量密集的街区或住宅小区内,让市民在家门口就能享受"市、区、镇、村"四级智慧图书网络的服务,为培养市民良好阅读习惯、让阅读成为美好生活方式提供了便利。在读书驿站建设过程中,南海区积极探索"政府主导,多元主体共建"的创新模式,致力于打通"公共文化服务最后一公里",以"一种模式,多种形态"的创新理念,建设多元化、特色化的读书驿站,如将农家书屋改造升级为村居驿站、建在学校旁边的校园驿站、建在公交站附近的公交驿站、建在商场的创意书吧等。读书驿站的建设丰富了群众文化生活,推动全民阅读进社区、进家庭、进校园、进农村、进企业、进机关,能够让全民阅读真正深入人心,让推进全民阅读工程从"运动式"向常态化转型,有利于将全民阅读作为一项基础性、长期性的工作持之以恒地开展下去。

4 结　语

基层公共文化事业发展至今,已经迎来了最好的时代。虽然目前政府对文化事业的财政投入与基层公共文化服务体系建设的客观要求还有一定差距,但无论是国家层面还是地方层面都先后出台了一系列的政策制度、法规标准等,在职称评审方面对基层图书馆员也有一些相应的政策倾斜,这些措施对基层公共文化事业的发展具有直接的支持和推动作用。近年来,南海区图书馆陆陆续续地获得了一些荣誉,虽然大奖不多,但是作为一个基层公共图书馆,能够得到当地百姓的认可,受到业界的肯定,这是对我们基层文化工作者莫大的肯定和鼓舞。

公共图书馆参与文化精准扶贫的路径选择[①]

严贝妮

安徽大学管理学院,合肥,230039

摘　要：报告梳理了公共图书馆参与文化精准扶贫的历史渊源和社会使命,省级公共图书馆参与文化精准扶贫的三大路径（直接文化精准扶贫、间接文化精准扶贫和合作文化精准扶贫）以及线上和线下两大渠道；在对农村居民信息需求和农家书屋书目调研的基础上,发现农村居民信息需求和实际文献资源提供的不匹配,据此提出了县级公共图书馆参与文化精准扶贫的着力点,并指出未来公共图书馆文化精准扶贫研究中的一些难题和贫困县县级公共图书馆"图书馆＋"探索对县级公共图书馆参与文化精准扶贫工作的启示。

关键词：文化精准扶贫；"图书馆＋"；省级公共图书馆扶贫路径；贫困县图书馆

1　公共图书馆参与文化精准扶贫的发轫

1.1　公共图书馆参与文化精准扶贫的历史梳理

在文化精准扶贫的路上,一直都有公共图书馆的身影。贫困一直都是困扰世界发展的一大难题。早在 2000 年,联合国就将消除贫困列入八项千年发展目标中。2015 年 9 月 25 日通过的联合国大会第 70/1 号决议——"变革我们的世界：2030 年可持续发展议程"中提出了 17 个可

[①] 本文由汪超敏据安徽大学严贝妮教授于 2020 年 9 月 12 日在中山大学资讯管理学院 40 周年院庆学术活动之学术前沿一席谈Ⅲ——"'十四五'公共图书馆事业展望"上的主旨报告整理。

持续发展目标，而目标一就是"在全世界消除一切形式的贫困"；在 2019 年联合国可持续发展目标峰会上，各成员国也纷纷进一步表态，要持续推进这 17 个可持续发展目标。

将视角转到我国，不难发现我国在文化扶贫方面的起步同样是比较早的。1993 年文化部就成立了中国文化扶贫委员会，这标志着扶贫工作已经被提升到了国家战略的高度，也可以被视为我国正式迈出了文化扶贫的第一步。到了 1995 年，农业部、中宣部、文化部等多个部门联合开展了文化下乡活动，盛行一时，并逐渐发展为"三下乡"活动，即"文化下乡，科技下乡和卫生下乡"。在我国文化扶贫事业发展的过程中，有一个重要的时间节点，就是 2013 年 11 月 3 日，习近平总书记在湖南省湘西州花垣县十八洞村考察时指出，扶贫要实事求是，因地制宜，要精准扶贫，切忌喊口号，也不要定好高骛远的目标。此后，我国的扶贫工作正式进入精准扶贫阶段。2015 年 11 月，文化部、国务院扶贫办等七部委联合印发了《"十三五"时期贫困地区公共文化服务体系建设规划纲要》，这是专门针对贫困地区如何建设有效的公共文化服务体系而制定的方案，其出台代表着我国的文化扶贫工作正式进入精准化的实施阶段。与此同时，各地公共图书馆开展的扶贫工作也进入文化精准扶贫的阶段。2016 年 6 月 30 日，由中宣部、文化部、新闻出版广电总局联合召开的全国文化精准扶贫工作视频会议，则是在政府政策的层面正式提出了"文化精准扶贫"这一概念。中国图书馆学会也在积极行动，并于同年 12 月 8 日成立了中国图书馆学会公共图书馆分会和图书馆扶贫工作委员会。

1.2 何为"文化精准扶贫"

我们认为"文化精准扶贫"其实就是将"精准扶贫"的理念具体应用到"文化扶贫"领域而形成的概念，具体包括三个方面，即对帮扶对象的识别要精细化，帮扶策略的实施要精准化，帮扶管理要全面化，从而改善帮扶对象中存在的文化贫困的现状（图 1）。"文化精准扶贫"的特征较之于"文化扶贫"，主要体现在对帮扶对象的识别精准性更高，扶贫的手段针对性更强，管理机制也更加全面与完善。

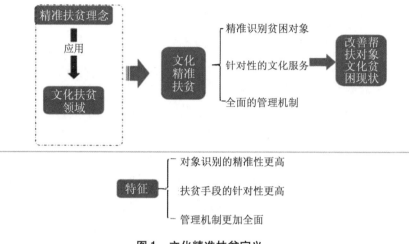

图 1　文化精准扶贫定义

以上是我们对"文化精准扶贫"和"文化扶贫"之间的差别所做的简单比较，同时对文化精准扶贫进行了内涵上的界定。在文化精准扶贫领域，省级公共图书馆作为公共图书馆的排头兵，近年来也做了很多工作。下面我们将对省级公共图书馆参与文化精准扶贫的路径进行解析。

2　省级公共图书馆参与文化精准扶贫的路径[1]

2.1　省级公共图书馆参与文化精准扶贫的模式

省级公共图书馆参与文化精准扶贫的模式主要有三种类型：一是直接的文化精准扶贫方式，二是间接的文化精准扶贫方式，三是合作开展文化精准扶贫的方式。

2.1.1　直接文化精准扶贫

对于省级公共图书馆而言，直接文化精准扶贫即不需要通过第三方媒介，直接点对点面向贫困对象进行文化扶贫的援助方式，其实现的方式一般包括常规服务和拓展服务。例如举办各种讲座和科技培训，尤其是科技培训。很多省级公共图书馆都开展了农业科技知识的培训，这对于提高贫困地区特别是农村地区的文化软实力，帮助贫困群众脱贫致富起到了非常重要的作用。也就是我们常说的，授人以鱼的同时还要授人以渔。

2.1.2　间接文化精准扶贫

间接文化精准扶贫则是省级公共图书馆通过帮扶基层公共图书馆、文化站还有农家书屋，提供图书等物质资源，提升这些机构的服务水平，进而实现省级公共图书馆文化精准扶贫的目标。一般来讲，县级及以下的很多基层图书馆的短板较为明显，包括人员和资金等方面的不足，而省级公共图书馆就是通过帮扶基层馆来弥补它们的短板，实现文化精准扶贫。这种间接的文化精准扶贫主要体现在硬件和软件两个方面：硬件方面包括提供文献资源、人员、资金和技术上的支持，软件方面则更多是面向基层馆的馆员开展各种辅导和培训。

2.1.3　合作文化精准扶贫

合作文化精准扶贫是指省级公共图书馆和政府、其他图书馆、社会组织或个人等进行合作，依靠多方力量和多元主体，更好地开展文化精准扶贫工作。根据参与主体的不同，可以将合作文化精准扶贫分为五大常见类型。第一类是省级公共图书馆和其他图书馆合作，包括除省级公共图书馆外的其他各级各类的公共图书馆、高校图书馆、专门图书馆等。第二类是省级公共图书馆与个人合作。在这一模式下，个人更多是以志愿者的身份参与到省级公共图书馆的文化精准扶贫工作当中。近年来图书馆的很多业务其实都离不开志愿者的身影，省级公共图书馆的文化扶贫工作也离不开志愿者贡献的力量。第三类是省级公共图书馆和企业合作。这是一种比较新颖的模式，可以改善与开发贫困地区的特色文化资源，发展当地的文化事业与文化产业。第四类是省级公共图书馆和政府机构合作。这一模式有效保障了省级公共图书馆获得开展各项扶贫活动所需的资金。第五类是省级公共图书馆与多方力量合作。文化精准扶贫本身就是一个较为系统的工程，扶贫的主体也不局限于一个或两个，可以多元主体合作参与，形成文化精准扶贫的合作网络。在这一巨大网络中，政府可以是领导者，省级公共图书馆和其他各类图书馆则作为最主要的参与者，个人和团体可以是辅助参与者。

2.2　省级公共图书馆参与文化精准扶贫的渠道[2]

省级公共图书馆参与文化精准扶贫的渠道主要划分为线下渠道和线上渠道两种不同的类型。

2.2.1　线下文化精准扶贫

线下渠道是指各省级公共图书馆针对贫困群众，利用馆内的资源和空间开展的面对面的个性化服务，如捐赠书籍、举办讲座培训班、开展文化志愿活动，以及举办各种形式的文娱活动，等等。

2.2.2　线上文化精准扶贫

线上渠道是将数字文化服务和精准扶贫进行交叉融合，利用各种数字化、网络化的手段，依托线上平台，以数字文化服务扶持基层。线上文化精准扶贫的对象不仅仅是基层的贫困地区，弱势群体同样是重点关注的对象。省级公共图书馆面向他们提供数字文化产品与服务，改善其数字贫瘠的现状，最终实现文化帮扶。

如表 1 所示，样本中的 31 个省级公共图书馆开展线上文化精准扶贫的服务形式主要包括六种，分别是推送数字文化资源、开展数字技能培训、推广数字图书馆、数字电影展播、设立数字文化服务点和搭建服务网络。

表1 数字文化精准扶贫服务形式基本情况

序号	服务形式	开展该服务省馆数量/个	占比/%
1	推送数字文化资源	29	93.5
2	开展数字技能培训	23	74.2
3	推广数字图书馆	18	58.1
4	数字电影展播	11	35.5
5	设立数字文化服务点	9	29.0
6	搭建服务网络	6	19.4

推送数字文化资源即各个省级公共图书馆开展的"送文化"活动，是最直接有效的文化精准扶贫方式。数字技能培训面向的服务群体主要是中老年人、视障人群和农民工等，培训的目的是让他们掌握普惠的数字技能。至于推广数字图书馆，在2016年，数字图书馆推广工程就已经推出了贫困地区图书馆帮扶计划，在这个计划中，处于布局当中的各省级公共图书馆被要求积极为贫困县搭建数字图书馆。数字电影展播则是利用数字化的技术（如传统的胶片方式）去播放电影，省级公共图书馆可以利用其丰富的硬件资源，使用各种各样的设备给基层群众带来丰富多彩的数字电影，在此过程中也伴随着一些文化助盲活动，如为视障人群提供各种各样的无障碍电影服务等。设立数字文化服务点，可以追溯到2012年文化部组织实施的"边疆万里数字文化长廊"建设工程，至2015年，我国沿海沿边的11个城市已建成9000余个数字文化驿站，设立数字文化服务点。最后一种形式是搭建服务网络，就是在贫困地区搭建网络系统，配置最基本的计算机网络，安装无线网，实现数字网络服务的全覆盖。

3 县级公共图书馆文化精准扶贫的着力点[3]

相对于省级公共图书馆而言，县级公共图书馆开展各种文化精准扶贫工作则更为重要，更为迫切。贫困地区现阶段的文化需求并没有得到有效的满足，县级公共图书馆在文化精准扶贫中的作用愈发凸显。县级公共图书馆参与文化精准扶贫工作的一个重要前提，就是能够精准识别农村居民到底需要什么样的文献信息。

3.1 农村居民的文献信息需求分析

我们的研究选取了安徽省内六个县（其中包括贫困县）的当地居民作为调查对象，采取问卷调查的方式，调查农村居民的信息获取行为，并对该群体中不同文献需求程度进行评估。该研究选取的样本分布地区比较广，涉及安徽省东南西北各个地区，具有一定的广泛性；调查对象的文化层次与职业类型也是多样的，并且呈现出较大的年龄跨度，有助于我们较为全面地了解安徽省六个县的农村居民当前能够获取的和最需要获取的信息的类型。

3.1.1 农村居民的文献信息获取类型分析

问卷调查的结果显示，当前农村居民能够获取的信息主要有三大类型：一是娱乐信息，二是排名并列的教育信息和天气信息，三是生活养生类信息。该研究根据不同职业的农村居民所获取的信息类型，也进一步做了一些探讨和分析。

3.1.2 农村居民的文献信息需求类型分析

在此基础上，该研究也进一步探讨了农村居民实际需要获取的信息的类型。农村居民群体的高需求文献主要可分为五个类型：第一大类是医疗养生类信息，第二大类是青年教育类信息，第三大类是农业知识类信息，第四大类是娱乐生活类信息，第五大类是儿童读物。此外，中等需求的文献信息主要是法律类和宣传类文献，低需求文献信息主要涉及经商投资类和文学历史类等。

如表2所示，安徽省某国家级贫困县的农家书屋中，整体馆藏较少，只有1500册，其中文化类书籍有800余册，其余图书包括少儿类、生活类、科技类和政经类等类型。这是安徽省内农家书屋的统一分类标准，比较简单和粗糙。从中可以看到农家书屋可提供的文献信息和老百姓想要获取的文献信息实际上还存在着不匹配的地方。

表2　××镇××村农家书屋图书统计

图书类别	财经类	科技类	生活类	文化类	少儿类	其他类（光盘）	合计	备注
数量/册	139	148	172	806	199	32	1500	

填表说明：本村统计是总图书量，外借未还的和流动书屋的书籍也在统计范围内。

3.2　县级公共图书馆开展精准识别的着力点

第一，县级公共图书馆要重视精准识别工作，培养基层馆员精准识别的责任意识。精准识别工作包括三个基本步骤：首先要判断用户到底有没有文献信息需求，其次是判断本馆能否满足他们合理的文献信息需求，最后就是本馆无法满足其需求的情况下要及时向相关部门反馈。

第二，县级公共图书馆要瞄准居民实际的文献需求，来优化农村图书馆（室）的实体馆藏资源结构。一般情况下，县级公共图书馆每年都会编制一个重点农家书屋出版物的名录，来作为农村图书馆（室）在采购图书时的参考书目。县级公共图书馆可以派出一些基层图书馆员，或者招募一批经过培训的志愿者，深入农村地区的各个行政村，调查不同年龄和职业的农村居民的文献信息需求类型，以及各种需求的迫切程度，为农村图书馆（室）提供更具参考价值的书目。

第三，县级公共图书馆要做好承接上下级图书馆的枢纽作用。调查中发现，近五成的农村居民并不了解本村的图书馆（室）和所在县的县级公共图书馆的具体位置，可见县级公共图书馆的宣传力度还远远不够，需要做好本馆的宣传工作。

第四，县级公共图书馆要拓展信息提供的途径，完善馆内的数字化服务。调查中发现，不同年龄段的居民获取信息的主要方式存在着明显的偏好。未成年人和年轻人偏好网上的数字化信息产品，老年人则偏向于通过广播电视和与人交谈中获取信息。针对不同群体，县级公共图书馆提供信息的途径也要有所侧重，有所区分。

4 文化精准扶贫：公共图书馆在路上

4.1 公共图书馆文化精准扶贫成效的评估

评估公共图书馆文化精准扶贫的重要性毋庸赘言，然而在实际的评估过程中则存在着诸多难点。第一，很多细碎的评估指标难以量化。具体到公共图书馆，尤其是县级及以下的公共图书馆，馆藏图书的数量是否充足，馆藏图书和所提供的就业信息、培训信息是否为农民所需要的，农民在接收信息以后获得的实际经济收益又有多少，派送书籍下乡的活动时间是否合理，等等。这些项目很琐碎，但是需要用一些定量或定性的指标来衡量。第二，扶贫对象在评估过程中的参与度低。通过问卷调查可以发现，很多评估对象或者接受帮扶的对象，没有办法准确表述自己对公共图书馆所做工作的实际感受，他们没有办法接收到信息，也就没有办法进行反馈或者准确表达自己的文化需求，这是现实中的难点。第三，评估涉及的内容众多，实践操作量大。要解决这个难题，可以征集社会各界具备相关能力的志愿者，以确保公共图书馆文化扶贫工作成效评估顺利开展。可供参考借鉴的经验就是像一些省份在脱贫攻坚过程中进行第三方监测评估时，派出高校师生开展相关工作等做法。

4.2 县级公共图书馆总分馆的建制研究

近年来，无论是政策层面，还是法律层面，国家都对县级文化馆和图书馆的总分馆制建设做出了一些规定和要求，各地方也先后出台了很多地方性的文件。以安徽省为例，安徽省文化厅在 2015 年就颁布了《关于开展县级公共图书馆总分馆制建设的通知》，其中提出了要开展县级公共图书馆总分馆制建设的目标任务、实践步骤等工作要求。在县级公共图书馆总分馆制建设中，安徽省也取得了一些成就，如作为国家级贫困县的金寨县和太湖县，还有繁昌县、青阳县、五河县和当涂县，都是作为总分馆建设比较好的典型试点地区。但是，在建设过程中也存在着很多现实的困境：一是农村基层的图书馆服务能力低；二是文献的提供和实际的需求是失衡的，这一矛盾在农家书屋上体现得极为突出；三是城乡公共图书馆的实力差距悬殊，很多贫困县的县级图书馆每年的资金投入非常少，如我们走访过的一家贫困县图书馆，它一年的办公经费只有20万元，而购书经费仅有5万元（当然这不是个案，安徽省内很多县级公共图书馆的办公经费和购书经费都是不足的）；四是农家书屋的使用率不高，在调查过程中发现很多老百姓前往农家书屋的次数为零。

4.3 贫困县县级图书馆的"图书馆+"文化精准扶贫之路

令人欣慰的是，一些县级公共图书馆在文化精准扶贫中逐渐走出了属于自己的一条路——"图书馆+"。安庆市就是其中的典型案例。安庆市在2016年11月就接受并通过了多部门的评估，正式成为国家公共文化服务体系示范区，这也是安徽省内第二个成功创建国家公共文化服务体系示范区的城市。安庆市成为示范区的典型之处在于其图书馆事业做得非常好。安庆市以太湖县为突破口，建立了可以在全市范围内通借通还的图书馆总分馆制，开设了残障人士阅览室，将农家书屋纳入总分馆系统当中，实现图书漂流，还实现了县域的图书一体化。太湖县图书馆的一系列做法，逐渐辐射到了整个安庆市，安庆市也成为一个非常典型的样板。

太湖县图书馆早在1984年就做了一件在当下仍旧非常有意义的事情，那就是盘活了馆藏文献资源。太湖县图书馆对馆藏文献资源进行二次加工，整合各类科技信息，每个月都会编印一份名为《科技参考》的小报，并将该报刊免费发放到农村居民手中。在此过程中发生了一个很有意思的故事，当太湖县图书馆得知本地有一个村民从事炸鱼工作，存在非常大的安全隐患，于是赠送他科技参考资料，还有相关的技术光盘。这个村民也从中获益并转变了经营方式。后来该村民从事网箱养鱼工作，通过奋斗，逐渐成为网箱养鱼专业户，并带动周边居民共同脱贫致富。近年来，太湖县图书馆联合县科协合作定期举办"科技服务周"

等活动，这一举措让图书在县域范围内流动起来，让科技在县域范围内流动起来，从而拉动和改善了太湖县的经济与文化发展。振奋人心的是，就在 2020 年 4 月，太湖县正式退出了国家级贫困县的序列。

从学术界的角度，如何能够更好地总结并有效地推广"图书馆+"的县级公共图书馆文化精准扶贫之路，是未来值得我们思考和研究的重点课题。

参考文献

［1］严贝妮，万尹菲. 我国省级公共图书馆文化扶贫的模式研究［J］. 图书馆理论与实践，2018（9）：1-5，12.

［2］严贝妮，卫玉婷. 我国省级公共图书馆数字文化精准扶贫服务的调查与分析［J］. 图书情报导刊，2019，4（5）：1-9.

［3］严贝妮，孟文静. 文化需求精准识别视角下农村居民文献信息需求实证研究：基于安徽省六县的调查［J］. 图书情报工作，2019，63（2）：77-83.

基层公共图书馆服务供给能力提升策略探析
——基于东莞市视角①

李保东

东莞图书馆厚街分馆，东莞，523960

摘　要：报告以东莞为视角，总结当前基层公共图书馆服务供给存在资源配置不均等、资源供给滞后、空间供给平庸、普适服务趋向严重、人才服务供给滞后、弱势群体保障乏力、服务时间供需错位、产业服务层次低下、部分活动趋向娱乐九个问题。在此基础上，提出"十四五"时期基层公共图书馆应贯彻新发展理念，结合问题，立足实际，着重从资源供给、空间供给、体系建设、服务供给、活动供给、技术赋能、队伍建设七个方面推进供给侧改革，全面提升服务供给能力，为实现"两个一百年"奋斗目标贡献基层公共图书馆界力量。

关键词：公共图书馆；服务供给；高质量发展；策略探析

40年沐风栉雨，40年初心不变；40年开拓创新，40年书写辉煌。在学院即将迎来40岁生日的美好时刻，受邀参加由学院与中山大学国家文化遗产和文化发展研究院联合举办的学术前沿一席谈之"'十四五'公共图书馆事业展望"学术交流活动，有机会在这里向大家就基层公共图书馆事业发展的有关问题做简要的汇报和展望，倍感荣幸！我今天报告的主题是"基层公共图书馆服务供给能力提升策略探析——基于东莞市视角"。

---

① 本文由苏钰雯据东莞图书馆厚街分馆馆长、研究馆员李保东于2020年9月12日在中山大学资讯管理学院40周年院庆学术活动之学术前沿一席谈Ⅲ——"'十四五'公共图书馆事业展望"上的主旨报告整理。

1 研究意义

"十四五"时期公共图书馆事业发展的总基调是实现高质量发展，服务供给能力的提升是实现高质量发展的基本保障。基层公共图书馆具有贴近民众的独特优势。九层之台，起于累土。基层公共图书馆事业的发展是《中华人民共和国公共文化服务保障法》和《中华人民共和国公共图书馆法》的重要主题，也是构建中国特色社会主义现代公共文化服务体系的重要内容和重心所在。

东莞是粤港澳大湾区的重要节点城市，经济发达，人口众多，也是国家首批公共文化服务体系示范区和公共文化服务标准化试点城市。其基层公共图书馆设施先进、体系完善、运转良好，在国内居于领先水平。今年6月24日，读者吴桂春引爆媒体、感动中国的深情留言故事是最好的例证。7月9日，广东省立中山图书馆、广东图书馆学会、东莞图书馆等单位联合举办了"滋养心灵 彰显价值——'读者留言东莞图书馆'一席谈"报告会。当时，家忠馆长做了一场非常精彩的报告，认为读者留言事件是偶然中的必然，表面上看是偶然事件，实际上折射的是东莞地区公共图书馆高质量服务的一个必然现象。我本人十分认同这个观点。

因此，以东莞为视角，研究基层公共图书馆服务供给能力的提升，对图书馆界贯彻新发展理念，推进供给侧改革，实现"十四五"时期我国公共图书馆整体事业高质量发展，继而为实现"两个一百年"奋斗目标贡献图书馆人力量具有示范引领作用，颇具理论和现实意义。

2 "十三五"时期基层公共图书馆服务供给现状概述

我个人认为，整体而言，"十三五"时期基层公共图书馆事业发展成就显著，并处于历史最佳时期。"十三五"期间，国家层面的两部法律《中华人民共和国公共文化服务保障法》和《中华人民共和国公共图书馆法》相继颁布实施，东莞地区地方性法规《东莞市公共图书馆管理条例》也在此期间颁布实施。就全国地级市而言，东莞在公共图书馆立法方面是走在前列的。"两法"的相继颁布和实施，使基层公共图书馆获得了空前的利好发展。因此，我认为它是处于历史发展的最好的阶段。

关于这一时期基层公共图书馆事业的发展概况，我简要地归结为六点：一是在资源供给方面，资源总量稳步提升；二是在空间供给方面，新馆建设方兴未艾；三是在体系供给方面，服务体系日趋成熟；四是在服务供给上，免费开放基本覆盖；五是在活动供给方面，阅读推广如火如荼；六是在技术供给方面，自助服务发展迅速。第二点空间供给方面，我想就我们基层公共图书馆这一时期新馆建设的情况作简要阐述。东莞的行政架构非常特殊，地级市直接管辖镇街，然后下面是社区。在这种特殊体制下，加之庞大的服务人口、积极稳定的经费保障，我们的镇街馆实际上相当于区县级馆。"十三五"期间，我们的镇街馆新馆建设取得了相当大的成就。如 2018 年 10 月 28 日开馆的大岭山分馆新馆，建筑规模达 39800 平方米，将近 4 万平方米；即将建成并投入使用的厚街分馆新馆，一期、二期、三期的建设面积累计逾 2 万平方米，服务人口近 50 万人；"十三五"期间建的松山湖图书馆分馆，重新装修开放，馆舍规模达 1.2 万平方米；等等。我个人认为，这样的建设规模和成就不仅达到了国家区县级一级馆的标准，实际上已经达到甚至超越了部分地市级公共图书馆的规模。因此，总体而言，这一时期的基层公共图书馆事业发展取得的成就，我个人还是非常满意的。

3 "十三五"时期基层公共图书馆服务供给存在问题

专业的人做专业的事。这是我们在今年的疫情防控中获得的最为深刻的价值启示。这种价值不仅反映在公共卫生领域，也应反映在公共文化领域。就业内人士而言，对于存在的问题，我们更倾向于从用户的角度来看一看，继而审视我们当前的工作究竟跟他们的需求还存在哪些差距，以利于更好地改进和提升工作。基于用户角度，通过问卷调研、访谈对话、统计分析等实证研究方法，我将当前基层公共图书馆服务供给存在的主要问题归结为九点。

3.1 资源配置不均等

资源配置不均等状况在社区和村级的图书馆表现得尤为明显。程焕文老师有一个十分著名的观点："资源为王。"我本人十分认同这个观点。问渠哪得清如许，为有源头活水来。我们知道，资源（含存量资源和更新资源）对图书馆至关重要，是公共图书馆开展一切服务工作的基础。因此，资源配置不均等的状况严重束缚了基层公共图书馆基本服务供给能力的提升。

3.2 资源供给滞后

以纸质图书为例，资源供给的滞后主要表现在三个方面：一是因缺乏经费的投入导致馆藏图书不足，更新滞后。以服务常住人口为依据核算，人均资源的拥有量偏低。二是虽有更新，但由于采编加工等环节滞后，导致时滞过长，新出版和读者期望借阅的图书往往要经过三个月到半年的时间才能供外借。对 156 位读者的调研显示，67% 的读者认为在期望借阅的新书出版一个月后，未能在我们的基层公共图书馆如愿借阅。三是由于供应商供货能力和采访人员业务能力所限，导致馆藏图书存在供需脱节。49% 的读者认为在东莞市基层公共图书馆（含服务网点）经常借不到所需的图书；同时，评估数据显示，在 32 个镇街公共图书馆中，平均 31.7% 的馆藏图书遭闲置，常年无人问津，利用率较低，也就是俗称的"僵尸书"。

3.3 空间供给平庸

空间资源决定公共图书馆的未来。程焕文老师认为，空间资源的拓展和功能空间的多样化，必将成为公共图书馆的发展方向，并将重塑公共图书馆的未来。然而，当前相当一部分的基层公共图书馆不重视空间资源的建设。对 936 位读者的问卷调研显示，有 711 位读者（占比 76%）表示对我们基层公共图书馆当前提供的公共阅读空间表示"基本满意"或者"不满意"，并认为当前的空间"过于紧张，保守单调，且缺乏吸引力"。

3.4 普适服务趋向严重

基本服务普适化趋向严重集中表现在两个方面：一是服务资源的配置千篇一律，同质化程度较高，缺乏地方特色资源；二是服务活动大同小异，讲座、培训、展览传统"老三样"占比很高。

3.5 其他问题

还有其他五个方面的问题，包括人才服务供给滞后、弱势群体保障乏力、服务时间供需错位、产业服务层次低下、部分活动趋向娱乐。由于时间有限，在此不作详细阐述。

4 "十四五"时期基层公共图书馆服务供给能力提升策略探析

"十四五"时期，公共图书馆事业发展的总体目标是推动和实现高质量发展。我们面临的外部环境大体可以归结为三个方面：一是疫情防控步入常态化，二是国家当前的经济运行由"六稳"转为"六保"，三是图书馆的经费在"十四五"期间将面临不同程度的削减或不足。鉴于此，在服务供给能力提升策略探析这一部分，基于用户角度，立足实际，从大的维度归纳，可以分为七个方面。

4.1 资源供给

关于资源供给，我提两点策略建议。一是丰富纸质资源供给，凸显特色资源的建设。基层公共图书馆要牢固树立资源第一、资源为本的意识，长期化、专业化建设纸质资源；在丰富常规资源供给的同时，凸显特色资源的建设力度，构建基层公共图书馆自身独特的资源优势。二是精准对接用户需求，提升资源供给的有效性，具体可从四个方面来着力：①保证资源更新的经费，实现资源的常态化更新；②及时且敢于剔除无效资源，克服采访的个人化、随意化倾向，建立以用户需求为导向的科学馆藏资源体系；③缩短资源供给时滞，通过加快采编进度等手段，实现图书上架与外界同步，增强资源供给的时效性；④立足地方特色，加大地方文献、古籍、名人手稿等资源的收集，建设具有一定规模的特色服务资源，形成对用户（含潜在用户）的独特供给优势。

4.2 空间供给

空间是第三代图书馆至关重要的资源，是与文献资源同等重要的服务基础，是图书馆实现由"以书为中心"向"以人为中心"转型的重要支撑，将决定公共图书馆的未来。观念支配行动。未来，基层公共图书馆应切实提升对空间资源重要性的认知。具体而言，这一部分可细分为五点：一是加快新馆建设。以立法实施为契机，以服务常住人口为核算依据，加快新馆的立项建设。二是优化现有馆舍的空间资源供给。坚持唯美与实用相结合，对现有服务空间进行再造和优化，包括微改造。如深圳罗湖区的"悠图书馆"、南山区的"南书房"等。三是建设新型公共阅读空间。在经费有限的情况下，我们要积极探索引入社会力量，主动与商业广场、咖啡店、书店、酒店、公园等机构合作，探索公共文化与社会资本合作的模式（PPP模式），建设城市书吧、阅读驿站、24小时自助服务空间等新型公共阅读空间。四是探索文化和旅游融合发展有效实现方式。当前，文旅融合是国家战略。公共图书馆要积极融入国家发展战略，不断探索文旅融合的有效方式。文旅融合对基层公共图书馆而言，虽然在实施层面上还存在着一定的难度，但还应朝这个方向努力。目前，比较典型的成功案例有省馆的粤书吧项目。东莞今年有两家粤书吧已建成，还有部分基层公共图书馆在旅游景点探索设立服务点，如厚街馆在东莞老八景之一的"海月风帆"公园建设的城市阅读驿站服务点即将投入使用。五是探索公共文化服务机构融合发展的路径和机制。我们要打破行业部门的壁垒，探索"图文博美"，也就是我们讲的图书馆、文化馆、博物馆和美术馆等公共文化服务机构，合力推动全民阅读、全民艺术普及、优秀传统文化传承的路径和方式。东莞的基层公共图书馆，每逢节假日尤其是暑假，人气非常旺，常常是"一位难求"。同时，据群众反映，到了文化馆之后，经常觉得没有太多可以利用的资源；此外，大多数人到文化馆仅是参加活动、观看演出，或是参与培训。因此，"十四五"期间，我们可以尝试跟类似的系统内部的公共文化服务机构融合发展，实现互利共赢。

4.3 体系建设

公共服务体系的建设与完善是图书馆实现高质量发展的重要支撑和基础，亦是践行行业核心价值的必然要求和生动体现。东莞图书馆的公共服务体系建设起步较早，经过多年的发展，应该说是比较完善的，居于全国前列，成功打造了闻名业界的"东莞模式"。"十四五"期间，在体系建设方面，一是完善体系，延伸服务触角。这一点主要是针对我们现有服务体系未能覆盖的地方，要不断推进完善，延伸服务触角，扩大服务覆盖面。东莞有数量庞大的工业园区和新兴的、有一定规模的楼盘小区等，将会是"十四五"期间我们进一步完善体系的重要着力点。二是优化体系，提升服务效能。这一点主要是针对已经实现了体系覆盖的网点，要不断提升服务效能，在服务绩效上狠下功夫。

4.4 服务供给

关于服务供给，共列七小点的策略建议：一是确立用户为中心的服务理念，破解普适化服务供给模式。以用户（含现实用户和潜在用户）为中心，对基层公共图书馆服务对象依据年龄、学历、职业等因素进行细分，量体裁衣，跳出普适化推广的传统思维框架，是满足人民美好文化生活需要的生动体现。依据不同受众的差异化、个性化、随机化需求精准策划和推进公共服务，并对服务效果和策略进行持续关注。二是实施均等化、标准化服务，实现服务供给的公正平等。三是树立人才服务的意识，丰富人才服务供给的内容。四是改革时间供给，实现服务供需有效对接。五是细分受众，精准服务，实现基本服务受众全覆盖。六是提升产业服务层次，增加新型服务供给。东莞是著名的制造业名城，拥有数量庞大的规模以上工业企业，基层公共图书馆可尝试跨界创新，增加新型服务的供给，主动对接政府顶层设计，在日常工作中尝试开展大众创新服务，将数量众多的企业，尤其是当前面临发展困难的中小微实体企业和创新人员，纳入我们的服务受众范围，主动提升服务产业发展的层级。如果基层公共图书馆能在落实国家的创新发展战略、服务产业提升方面有所作为的话，这将会是提升我们专业价值的一个很好的增长点。七是公共图书馆基本服务迈向彻底的"零门槛"。整体而言，基层公共图书馆在"十三五"期间实现完全免押金的数量不多，基本上集中在较为发达的地区。东莞基层公共馆现在实行的是信用借书。如果群众的支付宝芝麻信用达到550分以上的话，我们认为他是有信用的人，可以为他提供免押金借阅服务。在"十四五"期间，我们是否能够在这个基础上更进一步，迈向彻底的"零门槛"，值得考虑。

4.5 活动供给

美国图书馆协会（ALA）的最新研究报告表明，阅读活动在图书馆服务中的比重呈逐年上升趋势，未来有超越文献基本服务的趋势。"十四五"期间，基层公共图书馆要提升服务供给能力，实现高质量发展，应着力提升公共阅读活动的供给能力和质量。关于公共阅读活动的供给，这里细列两点建议：一是树立品牌意识，提升公共阅读活动供给质量；二是融合社会力量，构建公共阅读多元供给机制。如厚街馆主办的读书节大型阅读推广公共阅读活动，通过公益文化招商，确定博海文化、厚街万达、万科、博海教育等单位作为活动的参与和赞助方，并且将这种合作关系稳定下来，构建了"政府主导、镇社联动、社会支持、专家指导、市民参与"的活动模式，增强了"读书节"大型公共阅读活动的品牌辐射力和影响力，有力提升了基层公共图书馆的基本服务绩效，取得了较好的社会效益。市文广旅体局多次向全市推广我们这种经验，将它评价为"全市基层公共图书馆创新举措，以阅读推广推进全民阅读的一面旗帜"。厚街党委主要领导做出批示，为我们的工作点赞，给予我们极大的鼓舞。"十四五"期间，我们应在这个方面进一步优化和提升。

4.6 技术赋能

技术不是最重要的，但却是最有效的。公共图书馆近年的发展成就深刻地印证了这个观点。"十四五"时期，基层公共图书馆实现高质量发展，技术赋能依然是重要的路径选择。关于技术赋能，可着重从以下两点来推进。一是探索"图书馆+"，增加个性化服务的供给。面对日新月异的技术迭代和发展，基层公共馆应充分拥抱和融合新技术，在坚守职业理性的前提下，增加个性化服务的供给，让"图书馆+"具有无限的可能性。二是善用新媒体，大力拓展线上服务。线上服务具有成本低、受众广、传播快的显著优势。在疫情防控常态化和经费削减的大环境下，我们应该大力推广。如微信荐书、馆员读书、书友评书等一些疫情期间开展的线上服务和阅读活动，收到了非常好的效果。有些活动单场参与人次超过 5 万人次，受众反应较好，收效远超预期，应进一步优化和坚持。

4.7 队伍建设

公共图书馆事业所有目标的实现均离不开专业、敬业和勤业的馆员队伍的努力奉献和付出。关于队伍建设，细列两点建议。一是关注"馆内民生"。一方面要努力使我们馆员的收入足以过上较为体面的生活；另一方面要设立激励机制，使每一位基层馆员有成长的空间。在"馆内民生"话题上，实际上在我们国家层面的"十三五"规划当中是有遗漏的，没有提及这方面的内容。但是，经济学理论告诉我们，人是理性的。我个人觉得，对我们的队伍建设而言，这恰恰是大家非常关注的内容，很期望在国家"十四五"的规划当中能够看到相关的内容。二是注重宣传，讲好图书馆故事。读者吴桂春的留言故事是专业馆员讲好图书馆故事的生动和成功的案例。注重馆员专业素养的培育，注重宣传，讲好图书馆故事，它的意义不仅仅局限于一座图书馆、一个城市，甚至是一个行业。贝妮教授在刚才的主旨报告中也强调了这点。家忠馆长不久前在《图书馆论坛》发表的学术论文《从完美故事到经典案例、里程碑事件——"读者留言东莞图书馆"事件的传播价值形成及深化》，从公共传播学的角度对吴桂春留言事件进行专业分析。我读了之后很受启发。总体而言，我们图书馆行业大家习惯于埋头苦干，普遍做得多，但在如何主动宣传自己、把我们推广出去、讲好图书馆行业的故事方面，则是我们当前的薄弱环节。通过吴桂春这样一个事件，我们应该十分清醒地认识到，在"十四五"期间，要努力主动把行业故事讲好，这是体现我们专业价值的一个重要的基础和增长点。

当前，我国社会的主要矛盾已经转化为人民日益增长的美好生活需要和不平衡不充分的发展之间的矛盾，中国特色社会主义进入新时代。提供高质量的公共文化服务，是满足人民日益增长的美好生活需要的应有之义。人民日益增长的美好精神文化生活需要赋予新时代基层公共图书馆和图书馆人更多的责任和使命。基层公共图书馆以服务供给能力的提升推动和实现高质量发展是一项光荣而复杂的系统工程，是图书馆人以实际行动推进供给侧改革，贯彻新发展理念的重要抓手，涉及观念更新、技术赋能、体制改革、队伍建设等诸多方面，其理论研究和实践探索永无止境，均有待于未来的不懈努力。站在"两个一百年"的历史交汇期，我们新时代的图书馆人理应勇于担当，有所作为，再续辉煌！

三、文献遗产整理

《资本论》珍稀版本研究
——中山大学图书馆藏《资本论》的学术价值

张 琦　谢小燕[①]

中山大学图书馆，广州，510275

摘　要：本文从《资本论》各语种翻译与出版过程、装帧形态、版本特征、内容差异等方面详细阐述了中山大学图书馆藏 14 个语种 15 个版本《资本论》初版，分析了其对于深化我国马克思主义理论研究和建设工程、开展全球《资本论》版本学研究以及国际共产主义运动历史研究的重大价值。表 2，图 17，参考文献 38。

关键词：《资本论》；珍稀版本；翻译出版；马克思主义

1　中山大学图书馆藏《资本论》版本概述

马克思主义是马克思留给世界最有价值、最具影响力的精神财富，极大推进了人类文明进程。"这一理论犹如壮丽的日出，照亮了人类探索历史规律和寻求自身解放的道路。"[1]习近平总书记在庆祝中国共产党成立 100 周年大会上指出，"以史为鉴，开创未来，必须继续推进马克思主义中国化"，在全面建设社会主义现代化国家新的征程上，必须"坚持把马克思主义基本原理同中国具体实际相结合、同中华优秀传统文化相结合，用马克思主义观察时代、把握时代、引领时代，继续发展当代中国马克思主义、21 世纪马克思主义"[2]。这对推进马克思主义中国化提出了明确要求和根本遵循。

---

① 通讯作者：谢小燕，中山大学图书馆，E-mail：xiexyan7@mail.sysu.edu.cn。

《资本论》是马克思主义发展史上一部划时代的巨著,"是马克思主义最厚重、最丰富的著作,被誉为'工人阶级的圣经'"[1]。1867 年问世后,恩格斯曾向全世界宣告:"自地球上有资本家和工人以来,没有一本书像我们面前这本书那样,对于工人具有如此重要的意义。"[3] 1868 年,第一国际在布鲁塞尔召开的代表大会上,建议所有国家的工人都来学习马克思的《资本论》,并呼吁把这部重要著作翻译成各种文字出版[4]。100 多年来,它经历了艰难曲折的道路,以其伟大的生命力,在世界上得到广泛的传播。目前,《资本论》在全世界被译成多少种文字,一时难以统计。据 1968 年统计,当时《资本论》第一卷已被译成 43 种文字,出版了 220 多种版本[5]164-184。在这些不同语种不同版本的《资本论》中,尤以马克思、恩格斯亲自参与审校的 7 个版本最为珍贵,包括马克思亲自参与出版的《资本论》德文 1867 年第一版、1872 年第二版和 1872 年俄文版、1872—1875 年法文版,以及马克思去世后,恩格斯修订出版的德文第一卷 1883 年第三版和 1890 年第四版,以及 1887 年英文版。

长期以来,中山大学图书馆一直致力于马克思主义文献的馆藏建设,已收藏《资本论》德文、俄文、法文、波兰文、丹麦文、意大利文、英文、美国版、意第绪文、日文、匈牙利文、中文、瑞典文、塞尔维亚—克罗地亚文、爱沙尼亚文等 14 个语种 15 个版本第一版(表 1),其中包括上述 4 个马克思、恩格斯亲自参与整理出版的版本,成为国内拥有《资本论》各语种初版最丰富的高校图书馆,为开展《资本论》相关研究提供了坚实的文献支撑。

表 1 中山大学图书馆藏各语种版本《资本论》一览

序号	语种	出版社	出版年份	印数/册	翻译母本
1	德文第一版	汉堡:奥托·迈斯纳出版社	1867—1894	1000	第一版
2	俄文第一版	圣彼得堡:尼·彼·波利亚科夫	1872	3000	德文第一版

续表

序号	语种	出版社	出版年份	印数/册	翻译母本
3	法文第一版	巴黎：莫里斯·拉沙特尔公司	1872—1875	10000	德文第二版
4	波兰文第一版	魏玛：莱比锡出版社	1884—1890		法文版、德文第三版
5	丹麦文第一版	哥本哈根：R. Cohens Bogtrykkeri	1885—1887		德文第三版
6	意大利文第一版	都灵：Unione Tipografico-Editrice	1886		法文版
7	英文第一版	伦敦：斯万·阳光·劳里出版公司	1887	500	德文第三版
8	美国版第一版	纽约：洪堡出版社	1890	5000	德文第三版
9	意第绪文第一版	纽约：克鲁泡特金文学社	1917		德文考茨基普及版
10	日文全译本	东京：大镫阁和而立社	1920—1924		德文第六版
11	匈牙利文第一版	维也纳：朱利叶斯·菲舍尔出版社	1921		德文版
12	中文第一版	上海：昆仑书店	1930—1933		德文考茨基国民版
13	瑞典文第一版	斯德哥尔摩：Tidens förlag	1930—1932		德文第四版
14	塞尔维亚—克罗地亚文第一版	贝尔格莱德：科斯莫斯出版社	1933—1934		德文版
15	爱沙尼亚文第一版	塔林：托弗公司	1936		德文第四版

上述 14 个语种 15 个版本《资本论》构成了全面展现《资本论》

在世界传播的历史图谱，具有极其重要而独特的学术价值。

2 中山大学图书馆藏《资本论》珍稀版本考

2.1 《资本论》德文第一版（1867—1894 年）

《资本论》是马克思倾注毕生精力完成的划时代巨著，在写作的过程中，马克思经历了政治流亡、穷困潦倒、病魔缠身和家庭变故的艰难过程。马克思在给友人的信中谈到，为了《资本论》的写作，"我一直在坟墓的边缘徘徊。因此，我不得不利用我还能工作的每时每刻来完成我的著作，为了它，我已经牺牲了我的健康、幸福和家庭"[6]543。1865 年 1 月，经共产主义者同盟成员威廉·施特龙介绍，马克思找到了德国汉堡出版商奥托·迈斯纳（Otto Meissner）作为《资本论》的出版者。3 月下旬，马克思收到了出版商寄来的出版合同。合同规定，《资本论》第一卷的最后交稿时间为 1865 年 5 月底。但直到 1867 年 4 月 2 日，马克思才完成了《资本论》第一卷的付印稿。4 月 10 日，马克思亲自携带原稿赶往汉堡，把稿子交给出版商。5 月初收到第一批校样[7]。恩格斯与库格曼医生参加了校阅《资本论》校样的工作，他们认为马克思关于"价值形式"的论述不够通俗，建议再写一个通俗易懂的《附录》附在卷末。7 月 25 日，马克思写完《第一版序言》。8 月 16 日，马克思完成最后一个印张校样[8]。9 月《资本论》第一卷德文第一版正式出版，印数 1000 册。德文第一卷分为六章 22 节，分别为：第一章商品和货币，第二章货币转化为资本，第三章绝对剩余价值的生产，第四章相对剩余价值的生产，第五章绝对剩余价值和相对剩余价值生产的进一步考察，第六章资本的积累过程，第一章第一节附录价值形式[7]。

第一卷出版后，马克思马上开始对第一卷的修订工作，将第一版的章改为篇，节改为章，使得第二版的结构改为 7 篇 25 章，并对内容作了许多重要修改，于 1872—1873 年，以分册形式出版了第一卷德文第二版。第一卷第二版出版后，马克思在校订法文译本时，发现德文第二版部分内容需要修改，并计划补充新的论点和材料。遗憾的是，马克思尚未来得及完成第一卷第三版的修订出版就与世长辞了。马克思逝世后，恩格斯肩负起了整理、编辑和出版《资本论》遗稿的艰巨任务。恩格斯根据马克思遗稿于 1883 年修订出版了第一卷德文第三版，1890 年修订出版了第一卷德文第四版，该版成为后来世界通行版本。1885 年出版了《资本论》第二卷。1894 年，《资本论》第三卷分两册出版。

中山大学图书馆藏德文第一版第 1~3 卷，共 4 册。其中第一卷 784 页（图 1），采用 1/4 深绿色的摩洛哥皮革拼接大理石纹封面纸，浅绿色铜版纸环衬，三边书口有大理石纹装饰。另在前环衬页上有持有者的印章"Ex Coll. J. R. K."。第一卷的扉页有大标题"Das Kapital."（资本论），下有副标题"Kritik der politischen Oekonomie."（政治经济学批判）。标题下为作者"Karl Marx"（卡尔·马克思）以及版本信息"Erster Band. Buch Ⅰ: Der Produktionsprocess des Kapitals."（第一卷第一册：资本的生产过程），以及版权声明"Das Recht der Uebersetzung wird vorbehalten"（翻译权保留）。扉页底部为出版商相关信息"Hamburg: Verlag von Otto Meissener. 1867."（汉堡：奥托·迈斯纳. 1867）"以及该出版社在纽约的办事处地址"New-York: L. W. Schmidt. 24 Barclay-Street."（纽约：L. W. 施密特，巴克莱街 24 号）。该书扉页后有马克思题词："Gewidmet meinem unvergesslichen Freunde, dem kühnen, treuen, edlen Vorkämpfer des Proletariats, Wilhelm Wolff. Geb. zu Tarnau, 21. Juni 1809, Gest. im Exil zu Manchester 9. Mai 1864."（献给我的不能忘记的朋友，无产阶级勇敢的忠实的高尚的先锋战士威廉·沃尔弗）。威廉·沃尔弗（Wilhelm Wolff, 1809—1864）曾任共产主义者同盟中央委员会成员，并与马克思、恩格斯一同签署同盟中央文件《共产党在德国的要求》，曾在《新莱茵报》编辑部与马克思一起工作，与马克思、恩格斯保持深厚的革命友谊。扉页后是马克思为德文第一版第一卷所写的序，全文共 13 个段落。马克思在序中强调了《资本论》第一卷是 1859 年发表的《政治经济学批判》的续篇，并深刻阐述了《资本论》的研究对象、研究目的、研究体系、研究方法、政治经济学的阶级性等重大问题，并公布《资本论》其他卷的出版计划：第二卷探讨资本的流通过程（第二册）和总过程的各种形式（第三册），第三卷即最后一卷（第四册）将探讨理论史。正文尾页有勘误表和印刷者信息"Druck von Otte Wigand in Leipzig"（由莱比锡奥特·维冈印刷）。

图1 《资本论》德文第一版第一卷

第二卷526页（图2），1/4棕色漆布封面，书脊有烫金题名，三边书口为大理石纹装饰。扉页上的分卷标题为"Zweiter Band. Buch Ⅱ: Der Cirkulationsprocess des Kapitals."（第二卷第二册：资本的流通过程），还有出版说明"Herausgegeben von Friedrich Engels."（由弗雷德里希·恩格斯出版）和版权说明，出版社与第一卷相同，出版时间则为1885年。扉页后为恩格斯为第二卷撰写的序言，该序言写于1885年5月5日（马克思的生日），介绍了马克思创作《资本论》第二卷的过程与其遗稿情况，以及恩格斯编辑第二卷的经过，阐明了马克思对剩余价值的贡献[9]。后环衬页上也有持有者的印章"Ex Coll. J. R. K."，扉页上则有印刷者信息"Druck von G. Reuseche, Leipzig"（由莱比锡G. Reuseche印刷）。

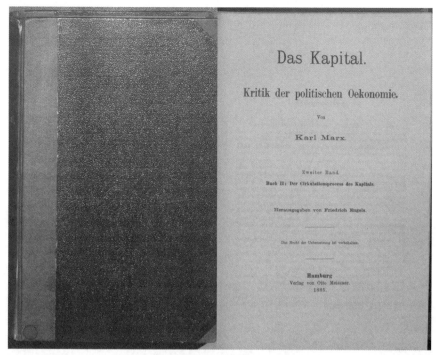

图2 《资本论》德文第一版第二卷

第三卷分2册，分别为448页（图3）、422页，均采用1/4棕色小牛皮包拼接黄色大理石纹封面纸，书脊有烫金题名，前环衬页有印章"Int Instituut Soc Geschiedenis Amsterdam"，表明该书曾为阿姆斯特丹国际社会史研究所收藏。第一册扉页上的分卷标题为"Dritter Band, erester Theil. Buch Ⅲ：Der Gesammtprocess der kapitalistischen Produktion. Kapitel Ⅰ bis XXVⅢ"（第三卷第一部分第三册：资本主义生产的总过程．第一至二十八章），其他版本和出版说明与第二卷相同，出版时间为1894年。扉页后有恩格斯撰写的第三卷序言及勘误表。恩格斯在序言中，介绍了马克思创作第三卷的遗稿情况，以及第三卷的编辑整理过程、基本内容和理论意义，批判了资产阶级经济学特别是庸俗经济学，阐明了平均利润率和价值规律的关系问题[10]。正文尾页底部有印刷者信息"Druck von Hesse & Becker in Leipzig"（由莱比锡黑塞—贝克尔印刷)。第二册扉页上的出版信息与第一册基本相同,唯分卷标题不同:"Dritter Band, zweiter Theil. Buch Ⅲ: Der Gesammtprocess der kapitalistischen Produktion. Kapitel XXIX bis LⅡ"(第三卷第二部分第三册:资本主义生产的总过程.第二十九至五十二章)。尾页的印刷者信息与第一册相同。目前国内仅中山大学图书馆、清华大学图书馆和中国社会科学院图书馆收藏有德文第一版全三卷,中国国家图书馆则收藏了德文第一版的第一卷。

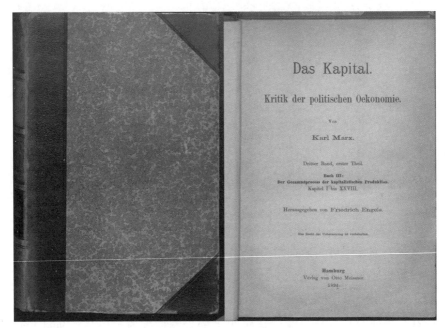

图3 《资本论》德文第一版第三卷第一册

2.2 《资本论》俄文第一卷第一版(1872年)

俄文译本是《资本论》最早的外文翻译版本。1867年《资本论》第一卷出版之后,在俄国知识分子当中产生了相当大的反响。尼古拉·弗兰策维奇·丹尼尔逊(Nikolai Frantsevich Danielson,1844—1918)等人积极筹划翻译《资本论》。俄文版由盖尔曼·亚历山德罗维奇·洛帕廷（G. A. Lopatin，1845—1918）翻译。到 1870 年底，洛帕廷翻译了《资本论》德文第一版的第二、三、四、五章，剩下的由丹尼尔逊于 1871 年 10 月完成[11]。马克思、恩格斯非常关心和期待俄译本的出版，表示"出俄译本是个非常可喜的现象；只要事情稍有进展，就应在报上加以报道"[12]。根据洛帕廷的建议，马克思专门为《资本论》俄文译本补充了 34 条注释，这些注释后来也被吸收到德文第二版和法文版中。另外，马克思为丹尼尔逊提供了第一章"勘误表"，以及他的写作活动和政治活动的资料，这些材料在俄译本被采用。1872 年 4 月 8 日，《资本论》第一卷俄译本在彼得堡由出版商尼·彼·波利亚科夫（N. P. Poliakov，1843—1905）出版，这是《资本论》第一个外文版本，印数为 3000 册。马克思在给丹尼尔逊的回信中高兴地写道："首先，非常感谢，这本书装订得很美观，翻译得很出色。我还想要一本平装本，以便送给英国博物馆。"[13]478 俄文版《资本论》的出版，引起俄国读者的极大兴趣。一个半月之内就售出了总印数的 1/3[13]493。马克思认为"在俄国——《资本论》在那里比在其他任何地方都有更多的读者，受到更大的重视——我们得到了更大的成功。"[14]452 俄文版的第二、三卷的翻译也由丹尼尔逊分别于 1885 年和 1896 年完成。

中山大学图书馆藏《资本论》俄文初版第一卷（图 4），共 678 页，封面由 1/4 小牛皮和大理石花纹板拼接，书脊有烫金标题。扉页一有俄文标题"КАПИТАЛЪ"（资本论），副标题为"КРИТИКА ПОЛИТИЧЕСКОЙ ЭКОНОМІИ"（政治经济学批判），该页有蓝色印章一枚，并有馆藏号"12952"。扉页二有题名、作者、卷册以及出版商信息与出版时间，以及"翻译自德文版"的说明。扉页三为俄文译马克思将《资本论》献给沃尔弗的题词。正文前有俄文版序、勘误表和德文版序言。第 661 页起为第一章第一节附录部分。目前国内仅见中山大学图书馆和清华大学图书馆收藏有此版。

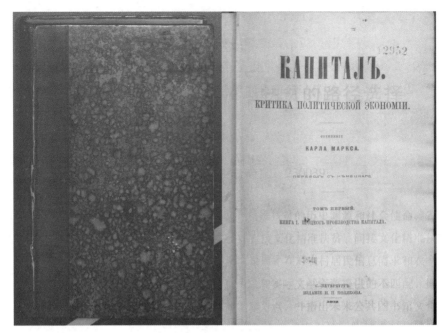

图 4 《资本论》俄文第一卷第一版

2.3 《资本论》法文第一卷第一版（1872—1875 年）

在完成《资本论》第一卷的德文写作后，马克思就产生了将其翻译成法文出版的想法。在 1867 年 5 月 1 日致路德维希·毕希纳的信中，马克思说："我想等书在德国出版后，再用法文在巴黎出版。"[6]545 1871 年巴黎公社起义爆发，马克思深感法国需要及时摆脱蒲鲁东式小资产阶级理想，加紧推动《资本论》第一卷法文版的翻译和出版。在《资本论》第一卷德文第二版的基础上，马克思开始了法文版的翻译出版，并亲自参与了校订和修改工作。法文版由约瑟夫·鲁瓦（Joseph Roy，1830—1916）翻译。鲁瓦因翻译费尔巴哈著作而知名，擅长将德文理论著作译成法文。法文版出版商为莫里斯·拉沙特尔（Maurice Lachatre，1814—1900），曾为巴黎公社会员，后流亡西班牙。拉沙特尔主张法文版以分册形式出版，并以更通俗的语言写作，以便法国工人阶级阅读。[15]在法文版编辑出版过程中，马克思、恩格斯与拉沙特尔进行了频繁通信与沟通。迄今流传下来的马克思、恩格斯致拉沙特尔书信至少有38 封，而拉沙特尔致马克思、恩格斯书信流传下来的有 59 封。[16]自 1872 年 9 月起，法文版开始分册出版，全书共 44 个印张，每印张 8 页四开页。其中前八分册每册 5 个印张，最后一分册即第九分册 4 个印张。1876 年初，九个分册合订成一卷，刊印 1.1 万册。[16]

马克思在法文版的翻译出版过程中对德文原本进行了大量修改，包括篇章结构、理论观点和论述方式等，不仅文字比德文本更为通俗易懂，而且理论上也有不少新的发展。首先是篇章结构，法文版从德文第二版的 7 篇 25 章改为 8 篇 33 章。另外，针对"法国人总是急于追求结论，渴望知道一般原则同他们直接关心的问题的联系"[17]26的国情，马克思在法文版的表述上做了大量修改，包括总标题从德文版"第一册 资本的生产过程"修改为"第一卷 资本主义生产的发展"，第五章标题从德文版"劳动过程和价值增殖过程"修改为"使用价值的生产和剩余价值的生产"[18]，尽量做到通俗易懂。另外，鉴于法国人受蒲鲁东思想影响至深，在法文版中凡涉及蒲鲁东的地方，马克思都改变了叙述方式，避免产生民族情绪。在内容修订上，在法文版中马克思对第一篇给予了更为详尽的阐述，并第一次分析了资本的有机构成，即资本的质和量的构成[19]，补充了部分历史材料、统计材料以及批判性的注解[20]109。因此，法文版代表了马克思经济学完善过程的一个崭新阶段，马克思特别强调法文版《资本论》"在原本之外有独立的科学价值"[17]29。1878 年 11 月，马克思在给《资本论》俄文版译者丹尼尔逊的信中再次强调了法文版的重要性："我希望分章——以及分节——按法文版处理，译者应始终细心地把德文第二版同法文版对照，因为后一种版本中有许多重要的修改和补充。"[14]332

在《资本论》外文译本中，法文版装帧也最为精美。中山大学图书馆收藏的《资本论》法文版（图 5），书上有木雕刻的副标题、扉页、肖像和摹本，由当时的艺术家捷尔沃雕刻制版印刷。在装帧上，封面为 20 世纪初的红色摩洛哥皮革，书脊有烫金标题，1875 年原装黄色封皮装订在内。法文版上有多个扉页，其中扉页一顶部为大号字体的作者KARL MARX（卡尔·马克思），中间为出版商拉沙特尔的徽章，徽章上印有法文"LE CAPITAL"（资本论），底部为出版商信息"PARIS ÉDITEURS, MAURICE LACHATRE ET CIE"（巴黎，莫里斯·拉沙特尔出版社）及地址"38, BOULEVARD DE SÉBASTOPOL, 38."（塞巴斯托波尔大道 38 号）。该扉页左下角印有小字，说明了交货信息"Prix de la Livraison：DIX centimes"（交货价格：十生丁）和"1re Livraison"（第一次交货）。扉页二除了上述扉页一的内容外，在作者下方新增了译者信息"TRADUCTION DE M. J. ROY, ENTIÈRRMENT REVISÉE PAR L'AUTEUR"（约瑟夫·鲁瓦翻译，作者审订）以及一幅古罗马的万神殿图案，建筑门楣上刻有拉丁文"M. AGRIPPA. L. F. COS. TERTIUM. FECIT"的字样，象征着《资本论》这部巨著是马克思主义的"万神殿"。该扉页背面为《资本论》第一卷法文版的巴黎印刷厂厂主拉羽尔的徽章，徽章上有法文"TYPO GRAPHIE LAHURE"。扉页三为马克思大幅肖像照及签名。扉页四为 1872 年 3 月 18 日马克思致《资本论》法文版编辑拉沙特尔的亲笔信，以手迹的形式作为《资本论》法文版的序言发表。马克思的信中分析了法文版采取定期分册出版的原因和利

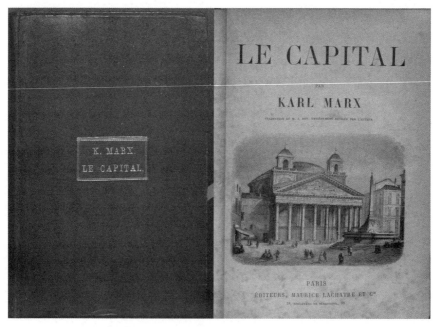

图 5 　《资本论》法文第一卷第一版

弊，强调"我所使用的分析方法至今还没有人在经济问题上运用过，这使前几章读起来相当困难"。最后勉励读者"在科学上没有平坦的大道，只有不畏劳苦沿着陡峭山路攀登的人，才有希望达到光辉的顶点"[17]26。扉页五为马克思简介，扉页六为法文译1867年《资本论》德文第一版序。中共中央党史和文献研究院、中国国家图书馆、清华大学图书馆亦藏有此版。

2.4 《资本论》波兰文第一卷第一版（1884—1890年）

1884年1月23日，波兰经济学家路德维克·克齐维茨基（Ludwik Krzywicki，1859—1941）致信恩格斯，请求准予用波兰文翻译出版《资本论》第一卷，恩格斯表示同意，并愿意协助克服波兰文译本出版过程中可能遇到的困难[21]95。《资本论》第一卷波兰文译本由斯·克鲁辛斯基、卡·普拉文斯基、米·布谢金斯基、约·谢马什柯和路·克齐维茨基等波兰社会主义者共同翻译，克齐维茨基校订。1884年9月，波兰文译《资本论》第一分册交由莱比锡的艾拉兹玛·鲁卡·卡斯普罗维奇（E. L. Kasprowicz）出版社出版，并在德国魏玛的一个小印刷厂乌什曼（Uszman）印刷厂秘密付印。由于遭遇搜查，当时只出版了第一分册就被迫停止，直到1886年第二分册才在卡斯普罗维奇出版社继续出版，第三分册于1889年出版，直至1890年底《资本论》第一卷波兰文译本才全部出齐。该译本主要是依据法文版译成的，但1883年德文第三版问世后，第七篇"积累的过程"则依据该版本翻译，因此它的最后一部分同法文译本不同[22]188-202。

中山大学图书馆收藏的《资本论》波兰文初版（图6），封面为黑色摩洛哥布纹板精装，封面和书脊均有黑色题字"MARX KAPITAL."，有大理石纹环衬纸，扉页有题名"KAPITAL. KRYTYKA EKONOMJI POLITYCZNEJ."（资本论：政治经济学批判）、作者"KAROL MARX"（卡尔·马克思），卷册信息"TOM PIERWSZY. KSIEGA I. WYTWARZANI KAPITALU."（第一卷第一册：资本的生产过程）和出版者"LIPSK：E. L. KASPROWICZ, 1884"（莱比锡：卡斯普罗维奇出版社，1884）等信息。扉页后有波兰文译马克思将《资本论》献给沃尔弗题词,以及第一版序言。正文共 326 页,两栏印刷。正文后附 1873 年德文第二版序言,及 1883 年恩格斯为德文第三版所作序言的摘录,尾页为索引。目前暂未见国内其他图书馆收藏。

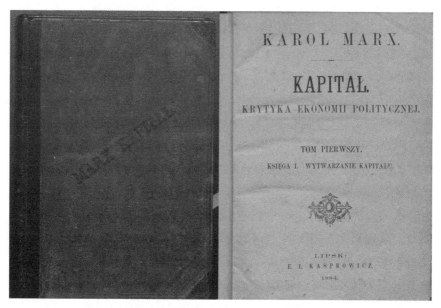

图 6 《资本论》波兰文第一卷第一版

2.5 《资本论》丹麦文第一版(1885—1887 年)

《资本论》丹麦文第一版乃据德文第三版翻译而成,于 1885—1887 年由哥本哈根 R. Cohens Bogtrykkeri 出版社出版。该版是三册合订本,包括《资本论》的第一、二卷,曾作为《社会主义丛书》(*Socialistik Bibliotek*)系列的第 4、5 卷出版,另有一册是曾作为该系列第 7 卷出版的恩格斯《家庭、私有制和国家的起源》的丹麦文译本。《社会主义丛书》是丹麦的社会民主联盟(Det Socialdemokratiske Arbeiderparti i Danmark)于 1885 年发起出版,出版书目包括《共产党宣言》《资本论》《社会主义从空想到科学的发展》等马克思主义经典文献,另外还包括一些社会主义活动家和领导人等撰写的普及马克思主义的通俗小册子[23]。该版译者为丹麦语言学家、记者和革命家汉斯·维尔赫姆·伦德（Hans Vilhelm Lund，1840—1893），他于19世纪80—90年代在《社会民主报》（*Social-Demokraten*）工作[24]。

中山大学图书馆收藏的《资本论》丹麦文初版（图7），封面为深红色硬皮精装，烫金书脊，本版较为特别的是采用了德国哥特式（Fraktur）字体，很有艺术感。书籍内页呈现了合订本的特征，有三册单行本的扉页。其中第一分册扉页一为丛书信息，印有"Socialistik Bibliotek. Udgivet af Det Socialdemokratiske Arbeiderparti i Danmark"（丹麦社会民主联盟社会主义丛书）、"Ⅳ Bind：Kapitalen. forste Del"（第4卷：资本论第一卷）以及出版商信息"København. R. Cohens Bogtrykkeri. 1886."（哥本哈根：R. Cohens Bogtrykkeri 出版社，1886），扉页二为该书题名"Kapitalen."（资本论）、作者 Karl Marx（卡尔·马克思）、"Forste Bind. Kapitalens Produktionsproces."（第一卷 资本的生产过程）、翻译说明："Oversat efter Originalens tredje Oplag."（根据原著第三版翻译而成），以及出版商信息，时间为1885年。扉页后为丹麦文译《资本论》第一版、第二版序言以及恩格斯1883年为德文第三版所作序言。第二分册扉页一形式相同，丛书卷册信息为"第5卷：资本论第二卷"，出版时间为1887年；扉页二的副题名则为"Anden Del. Kapitalens Cirkulationsproces."（第二卷 资本的流通过程），出版说明为"Udgivet efter Forfatterens død af Friedrich Engels"（作者去世后由恩格斯出版），出版时间为1887年。该分册末尾有《资本论》第一、二卷的目录和外来词汇表。第三分册扉页一的丛书信息为"Ⅶ Bind. Familiens, Privatejendommens og Statens Oprindelse"（第7卷：家庭、私有制和国家的起源），出版时间为1888年。扉页二有题名和著者信息等："I Tilslutning til Lewis H. Morgans Undersøgelser. af Friedrich Engels"（作者弗雷德里希·恩格斯继续刘易斯·H. 摩尔根的研究），版本说明信息为"Dansk af Forfatteren gennemgaaet Udgave, besørget, af Gerson Trier."（丹麦版，经作者审阅，译者格森·特里尔），出版时间也为1888年。从出版时间来看，各分册的出版时间不一，可能存在不同时期的印刷品版本。该版合订册的装订和印刷时间不早于1888年。

目前暂未见国内其他图书馆收藏。

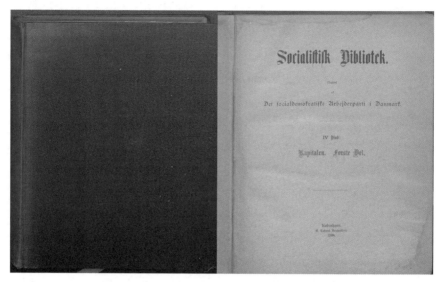

图 7 《资本论》丹麦文第一版

2.6 《资本论》意大利文第一卷第一版（1886 年）

1882—1884 年，《资本论》意大利文第一卷以分册的形式出版，共计 43 个分册。1886 年，该译本收入《经济学家丛书》第三集第九卷，由都灵 Unione Tipografico-Editrice 出版社出版[22]236-237。该版以《资本论》法文版为底本，恩格斯直到 1893 年才从意大利社会主义者屠拉梯（Filippo Turati，1857—1932）的信中知道此事，屠拉梯还给恩格斯寄了一本书请他审阅。恩格斯把书的第一章和第二十四章的部分译文同原文做了校对，认为译文表达相当忠实，比德文通俗得多[25]。

中山大学图书馆藏《资本论》意大利文第一版第一卷（图 8），封面为棕黄色纹硬纸板，书脊以黄色皮革包背，有烫金标题。扉页一为丛书信息，BIBLIOTECA. DELL'ECONOMISTA. SERIE TERZA. VOLUME NONO. PARTE SECONDA（《经济学家丛书》第三集第九卷第二部分），扉页二为丛书说明、题名、作者、译者及出版者等信息，包括"RAC-COLTA. DELLE PIÙ PREGIATE OPERE MODERNE. ITALIANE E

STRANIERE DI ECONOMIA POLITICA"（现代意大利及国外政治经济学名著简述）、作者"DIRETTA DAL PROFESSORE GEROLAMO BOCCARDO"（由盖罗拉莫·鲍萨尔多教授指导）、丛书卷册信息"第九卷第二部分"，"C. MARX.—IL CAPITALE, CRITICA DELL'ECONOMIA POLITICA; L. JACOBY.—L'IDEA DELLA EVOLUZIONE. N. TCERNICEWSKI, -OSSERVAZIONI CRITICHE SU TALUNE DOTTRINE ECONOMICHE; DI G. STUART MILL"，表明丛书该部分除马克思的《资本论》外还包括 L. 雅各比和 N. Tcernicewski 的著作。出版者信息则为：TORINO. UNIONE TIPOGREFICO-EDITRICE. 33, Via Carlo Alberto, 33. 1886。该扉页背面印有"PROPRIETA LETTERARIA"（版权所有）字样。扉页三为作者"CARLO MARX"（卡尔·马克思），及题名"L CAPITALE. CRITICA DELL' ECONOMIA POLITICA"（资本论：政治经济学批判）等信息，左下角印有丛书系列信息"Econom. 3 Serie. Tomo Ⅸ. Parte Ⅱ-1."（第三集第九卷第二部分：1），扉页后为意大利文译第一版序言。全书共 904 页，前 685 页为《资本论》部分。目前暂未见国内其他图书馆收藏。

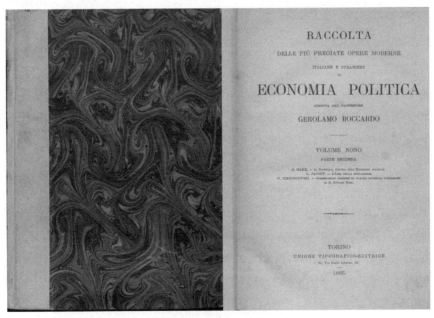

图8　《资本论》意大利文第一卷第一版

2.7 《资本论》英文第一卷第一版（1887 年）

《资本论》是马克思在英国写成的，而且"在理论阐述上主要用英国作为例证"[17]8，因此马克思希望英译本能早日出版。遗憾的是，虽然不少人开展过英译的努力，但均未能将此项工作进行到底。恩格斯认为："只要英国目前的运动，不因本身的空虚而像戳破的皮球那样泄气，这部译著是绝对需要的。"[21]141 1883 年马克思逝世以后，萨缪尔·穆尔（Samuel Moore）与马克思的女婿爱德华·艾威林（Edward Aveling）根据德文第三版，并参考马克思在法文版所做的重要修改开展英译工作，马克思的小女儿艾琳娜负责引文的校正，由恩格斯最后审定译文。恩格斯在校订译稿时，除参考法文本外，还特别利用了马克思在 1877 年为准备将这部著作译成英文时所作的一些批注，并为英译本撰写了序言[20]116。他在给劳·拉法格的信里写道："把《资本论》翻译成英文是一项非常艰巨的工作。先由他们翻译，然后我来审查译文并用铅笔写上我的意见。再把译稿退给他们。然后进行协商，解决有争论的问题。然后我得再通看一遍，从文体和技术角度检查一下，看是否准备好可以付印，同时还要检查一下杜西在英文原著中找到的引文是否正确。"[21]464《资本论》英文版于 1887 年 1 月由斯万·桑南夏恩出版社（Swan Sonnenschein, Lowrey & Co.）在伦敦分两册出版，上册为 1～14 章，下册为 15～33 章，印刷 500 册[26]。相较于德文和法文版，《资本论》英文版的篇章结构按照法文版划分，也是 8 篇 33 章；另外，德文版中引自英文原著的引文译文，全部按照原著恢复了原文，并校订了一些不准确的地方和印刷错误[27]。

中山大学图书馆收藏的英文初版（图 9），两册，原装褐色布封面，书脊有烫金题名。扉页有标题"CAPITAL：A CRITICAL ANALYSIS OF CAPITALIST PRODUCTION"（资本论：政治经济学批判），作者、翻译者与审校者信息"TRANSLATED FROM THE THIRD EDITION BY SAMUEL MOORE AND EDWARD AVELING, AND EDITED BY FREDERICK ENGELS."（由萨缪尔·穆尔和爱德华·艾威林依据第三版翻译，并由

弗雷德里希·恩格斯审订）以及出版商相关信息"LONDON：SWAN SONNENSCHEIN，LOWREY & CO. PATERNOSTER SQUARE，1887"（伦敦：斯万·桑南夏恩出版社，帕特诺斯特广场，1887年）。中部有双马徽章，刻有"ARDVA OVE PVKCRA"。扉页背面印有印刷商信息"S. Cowan and Co.，Strathmore Press，Perth"（S. 考恩公司，斯特拉思莫尔出版社，珀斯）。正文前有恩格斯1886年11月5日撰写的审校者序言。恩格斯在序言中指出："《资本论》在大陆上常常被称为'工人阶级的圣经'。任何一个熟悉工人运动的人都不会否认：本书所作的结论日益成为伟大的工人阶级运动的基本原则，不仅在德国和瑞士是这样，而且在法国，在荷兰和比利时，在美国，甚至在意大利和西班牙也是这样；各地的工人阶级都越来越把这些结论看成是对自己的状况和自己的期望所作的最真切的表述。"[17]36 该序言后为英译《资本论》第一版、第二版序言。中共中央党史和文献研究院、中国国家图书馆、清华大学图书馆也藏有此版。

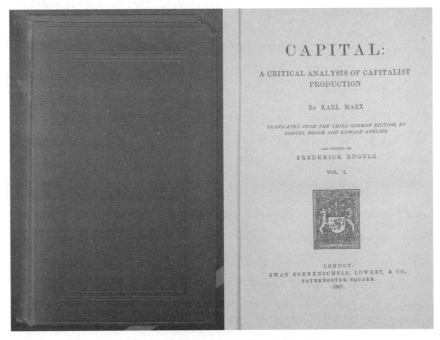

图9　《资本论》英文第一卷第一版

2.8 《资本论》英文第一卷美国版第一版（1890 年）

自 1850 年以来，魏德迈、左尔格等大量德国社会主义者移民美国，积极开展工人运动。1867 年《资本论》德文第一版出版时，出版商迈斯纳（Otto Meissner）就在纽约设立了一家名为 L. W. 斯密特（L. W. Schmidt）的办事处，在美国全权销售这部著作。1886 年 5 月 1 日，美国工人为争取八小时工作制而举行大罢工，为《资本论》在美国的出版与传播创造了条件。1890 年，洪堡出版社以《洪堡科学丛书》（*The Humboldt Library of Science*）系列分为四辑（第 135～138 号）出版了《资本论》，后又出版了单行本，发行 5000 册。然而美国版《资本论》在出版前并未得到马克思家族、恩格斯或欧洲出版商的授权许可[22]233。恩格斯在致友人信中写道："关于《资本论》的美国版，我无可奉告，因为我从未见过，也不知道是个什么样子。那里的人有权翻印我们的作品，这是众所周知的。他们运用这个权利，正说明此事他们有利可图；这是十分可喜的，尽管继承人要蒙受损失。但是，我们本来就应当估计到，在美国的销路大大增加以后，会发生这样的情况。"[28]27 在恩格斯看来，《资本论》在美国的出版"对于美国来讲恰逢其时"[22]234。出版商在《资本论》美国版的出版广告中写道：这是一本"关于怎样能迅速积累资本的书"，该书很快被抢购一空[28]106。

中山大学图书馆藏《资本论》1890 年美国版（图 10）为硬皮精装本，封面为红色布纹装，有洪堡出版社的压花图案，书脊有烫金标题。扉页上出版信息与英文第一版基本一致，无卷册标识，出版社信息为"纽约：洪堡出版社，拉法叶广场 28 号"（New York：The Humboldt Publishing Company, 28 Lafayette Place）。内容与英文第一版一致，正文前有恩格斯的编者前言以及马克思的第一版序和第二版序，正文部分为 506 页。中国国家图书馆、清华大学图书馆亦藏有此版。

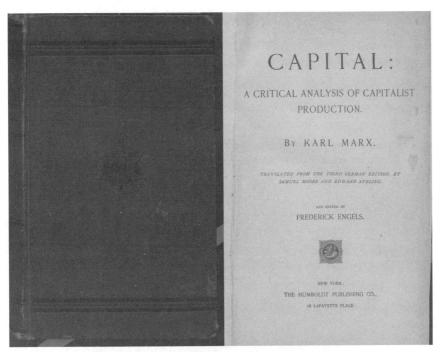

图 10 《资本论》英文第一卷美国第一版

2.9 《资本论》意第绪文第一卷第一版（1917 年）

《资本论》意第绪文第一版由扬可夫·梅里森（Yankev Merison）翻译，于 1917 年在纽约出版。梅里森原名扬可夫·阿夫罗姆·耶鲁希莫维特什（Yankev-Avrom Yerukhimovitsh，1866—1941），美国犹太裔无政府主义者，曾主编无政府主义意第绪文报纸 *Varhayt* 和 *Fraye Arbeter Shtime* 等。第一次世界大战期间，梅里森根据卡尔·考茨基（Karl Kautsky，1854—1938）1914 年编辑的《资本论》普及版翻译了第一卷，由纽约的克鲁泡特金文学社（Kropotkin Literatur Gezelshaft）分三册出版。克鲁泡特金文学社成立于 1912 年，由犹太裔无政府主义者为庆祝俄罗斯无政府主义者彼得·克鲁泡特金（Peter Kropotkin，1842—1921）七十寿辰所建立，致力于翻译出版无政府主义和社会主义经典作品[29]。

中山大学图书馆藏《资本论》意第绪文第一卷第一册（图 11）为

右开本，文字则为横排。封面是深红色亚麻布硬皮精装，并有压花图案。扉页右上角有德文原版标题"Das Kapital"，其他主要内容包括意第绪文题名、作者、译者、出版商等信息。扉页后为恩格斯序、译者序、马克思简介、第一版、第二版序言等。目前暂未见国内其他图书馆有收藏。

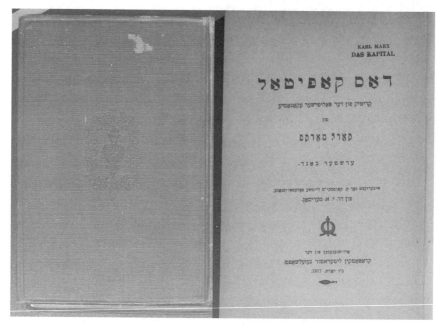

图 11　《资本论》意第绪文第一卷第一版

2.10　《资本论》日文第一个全译本（1920—1924 年）

《资本论》首个日文全译本由高畠素之翻译，最初作为大镫阁版《马克思全集》的第 1～9 卷出版，共 10 册。高畠素之（1886—1928），早年从事马克思主义研究，后被捕入狱，在狱中接触了《资本论》。1919 年，高畠素之开始翻译《资本论》，并于 1920—1924 年由东京大镫阁和而立社分 9 卷出版[30]。高畠素之版翻译依据的母本是德文第 6 版（1909 年），并参考了英译本。高畠版既是日本第一个《资本论》全译本，也是亚洲第一个全译本，对中译本有很大的影响，侯外庐、王思华版和郭大力、王亚南版《资本论》在翻译时都曾参考过该版本[31]。

中山大学图书馆藏高畠素之日文译本（图12），其中第一卷第一册为黄色布面精装本，封面烫金题名为："マルクス全集，资本论第一卷（一）"[马克思全集，资本论第一卷（一）]，并有德文原版题名。扉页版权信息为："马克思全集，资本论第一卷第一册，高畠素之译，大正九年六月刊行"。正文前有"校注者题言""译者序""原著第一版序""原著者第二版序""编辑者第三版序""编辑者第四版序"。正文部分则包括第一卷第一至三篇9章内容。尾页为版权页，有相关出版发行者信息"马克思全集第一册：资本论第一卷（一）"，定价六元九十钱；"校注者福田德三，翻译者高畠素之"，发行者为"东京市京桥区桶町十五番地大镫阁株式会社"，印刷者为"东京市京桥区西绀屋町二十七番地佐久间衡治"，印刷所为"秀英舍株式会社"。刊行时间为"大正九年六月十日印刷，大正九年六月十五日发行，大正九年七月十日再版发行"，并钤"马克思全集译者总代之印"版权印。中国国家图书馆、北京大学图书馆亦收藏有该版。

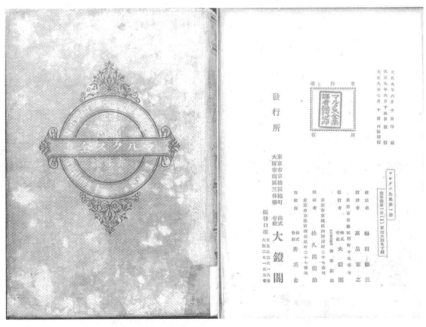

图12　《资本论》日文第一个全译本

2.11 《资本论》匈牙利文第一卷第一版（1921 年）

匈牙利文《资本论》第一卷由古特·安塔尔（Guth Antal，1886—1938）翻译，于 1921 年在维也纳作为《社会学丛书》系列（*Szociológia：Társadalomtudományi mürek gyüjteménye*）第一、二卷出版。安塔尔 1918 年加入匈牙利共产党，曾任匈牙利苏维埃共和国时期的劳动和国家福利人民委员。

中山大学图书馆藏《资本论》匈牙利文译本第一卷（图 13），共两册。其中第一册 391 页，为第 1～4 篇；第二册 239 页，为第 5～7 篇。平装，毛边机器纸。封面为浅灰色，外包一层透明保护纸。封面题名信息为 "KARL MARX. A TŐKE. FORDDITOTTA：Dr. GUTH ANTAL. VERLAG JULIUS FISCHER"（卡尔·马克思，资本论，古特·安

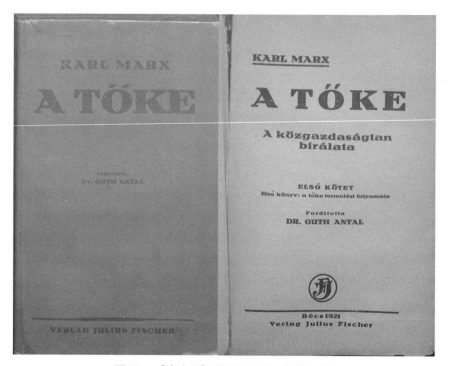

图 13　《资本论》匈牙利文第一卷第一版

塔尔博士翻译，朱利叶斯·菲舍尔出版社），内封页即为篇章页，标记了卷册和出版信息："SZOCIOLÓGIA：Társadalomtudományi müvek gyüjteménye. Ⅰ．Ⅱ. kötet. Karl Marx：A TŐKE. Wien 1921. Verlag Julius Fischer"（卡尔·马克思，资本论，1921年维也纳，朱利叶斯·菲舍尔出版社），并印有出版社徽章。扉页有出版信息："KARL MARX. A TŐKE. A közgazdaságtan bírálata. ELSŐ KÖTET. Első könyv：a tőke termelési folyamata. Fordditotta：DR. GUTH ANTAL. Bécs 1921，Verlag Julius Fischer"（卡尔·马克思，资本论：政治经济学批判，第一卷第一册资本的生产过程，译者：古特·安塔尔博士，维也纳1921年，朱利叶斯·菲舍尔出版社）。正文前有第一版、第二版序言。目前暂未见国内其他图书馆收藏。

2.12 《资本论》中文第一卷第一版（1930—1933年）

《资本论》最早的中译本由陈启修翻译，于1930年3月由上海昆仑书店出版。陈启修（1886—1960），1925年由朱德介绍参加中国共产党，曾先后任北京大学法学院教授兼政治系主任、黄埔军校政治教官、第六届广州农民运动讲习所教员、国立中山大学法科务主席兼经济学系主任、《广州民国日报》主笔等。1927年大革命失败后，陈启修流亡日本，易名豹隐，开始翻译《资本论》[32]。其所依据的母本主要为《资本论》德文考茨基国民版第8版（1928年版），并参照日本河上肇和宫川实的日译本，同时还参考了1924年雅克·莫里托（J. Molitor）的法文译本，1921年查尔斯·H. 克尔出版社（Charles H. Kerry）的英译本以及高畠改造社版[33]。《资本论》中文译本第一卷第二、三分册由潘冬舟完成，分别于1932年8月和1933年1月由北平东亚书局出版。

《资本论》中文译本第一分册（图14），以道林纸和瑞典纸印刷，32开，分精装、平装两种，封面底色为红色，上端题有"资本论"三个大字，下端署有"昆仑书店版"和"1930"字样。中山大学图书馆藏版为平装本，全书为横排本。扉页一由蔡元培题："陈豹隐译，马克思资本论"，扉页二为"资本论 第一卷第一分册 第一篇"，上钤有前收藏者印章"冯作标"。其后为目录页和"标点并字体用法"说明。在正式译文前有"译者例言"、"资本论旁释"、"考茨基国民版序"、原著第一版的序文、原著第二版的跋文等导读内容。全书437页，正文237页，这个导读部分占到几近一半，对于理解和读懂《资本论》至关重要。版权页上标明"一九三〇年三月初版"，并注明"实价精装道林纸银二元，平装瑞典纸银一元五角"。发行所是上海重庆路马安里204号昆仑书店，附一张昆仑书店的版权票，上钤"陈启修印"。中国国家图书馆、清华大学图书馆、中国人民大学图书馆、上海图书馆亦藏有此版。

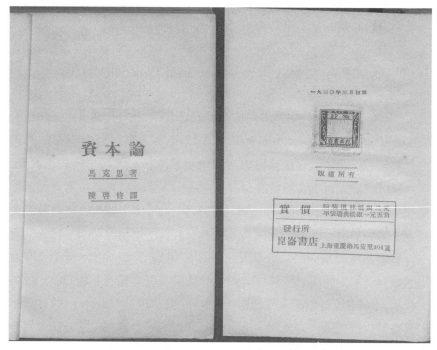

图14　《资本论》中文第一版第一卷第一分册

2.13　《资本论》瑞典文第一版（1930—1932年）

《资本论》瑞典文译本第一版由里卡德·桑德勒（Rickard Johannes Sandler，1884—1964）翻译，于1930—1932年在斯德哥尔摩由Tidens

Förlag 出版社分三卷出版。桑德勒为瑞典社会民主党董事会成员，曾任瑞典总理、外交部长等要职。桑德勒翻译采用的底本是德文第 4 版，同时参考法文译本和考茨基的普及版。为了让低收入的工人也能看到这部作品，出版社采用分册的形式进行连载，每月两本，最终一共出版了 33 本小册子[34]。

中山大学图书馆藏《资本论》瑞典文译本为三卷三册（图15），硬皮精装，书脊部分为漆布并包四角，水波花纹环衬页。页数分别为 740 页、479 页和 838 页。第三卷分两部分，分别于 1931 年和 1932 年出版。第一卷扉页的版权信息为"Karl Marx KAPITALET Kritik av den politiska ekonomin I svensk översättning av RICKARD SANDLER, Stockholm TIDENS FÖRLAG, 1930（卡尔·马克思，资本论：政治经济学批判，里卡德·桑德勒翻译，斯德哥尔摩 TIDENS FÖRLAG 出版社，1930），背面有印刷者信息"STOCKHOLM TRYCKERIAKTIEBOLAGET TIDEN, 1930"。后面为译者介绍，其后是瑞典文译马克思将《资本论》献给沃尔弗的题词，以及马克思肖像及签名。然后是分卷题名"KAPITALET. Första

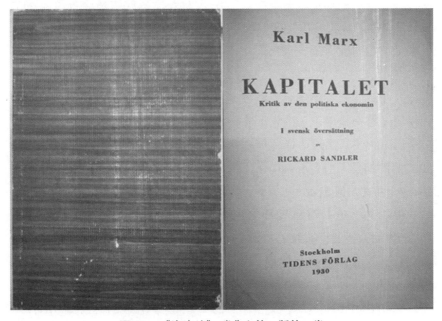

图15 《资本论》瑞典文第一版第一卷

bandet"（资本论第一卷），正文前有第一版序言、第二版的序言。第二卷和第三卷的题名著者信息与第一卷相同，仅分卷信息与出版时间不同。目前暂未见国内其他图书馆收藏。

2.14 《资本论》塞尔维亚—克罗地亚文第一、二卷第一版（1933—1934 年）

《资本论》塞尔维亚—克罗地亚文第一版译本是由莫萨·皮雅杰（Mosa Pijade，1890—1957）和罗多柳布·乔拉科维奇（Rodoijub Colakovie，1900—1983）翻译，于 1933 年在贝尔格莱德由科斯莫斯（Kosmos）出版社出版。皮雅杰，1920 年加入南斯拉夫共产党，后因创办党报《共产主义者》而被反动当局监禁了 14 年。1939 年出狱后，曾先后任南斯拉夫反法西斯人民解放委员会主席团副主席、南共中央政治局委员、南共联盟中央执委会委员、联邦国民议会议长等职。乔拉科维奇，1919 年加入南斯拉夫共产党，后被反动当局判入狱 12 年。出狱后曾任南共中央政治局委员、南斯拉夫反法西斯人民解放委员会主席团秘书长、联邦执行委员会副主席等职。塞尔维亚—克罗地亚译文第一版是两人在狱中共同翻译的，采用的底本为德文版。1929 年初，他们完成了《资本论》第一卷的翻译后，又被分别遣送至不同监狱服刑。因此《资本论》第二、三卷由皮雅杰继续完成，于 1932 年底基本完成。他们的译稿经过秘密渠道，几经波折才转送出监狱，第一卷于 1933 年由科斯莫斯出版社正式出版。译者分别使用了笔名"波罗比奇"（M. Porobić）和"博萨纳茨"（R. Bosanac）。第二卷则于 1934 年出版。三卷全本直到 1947 年才最终出版[35]。

中山大学图书馆藏《资本论》塞尔维亚—克罗地亚文两卷（图16），封面为浅蓝色布纹，封面上下边缘均有金色装饰条，作者和书名印刷其上，书脊有烫金标题。第一卷环衬页有一个前收藏者的签名"Alfons Margitic 933"。环衬背面则是版权信息，表明该书是作为"FILOZOFSKA BIBLIOTEKA"系列的第三部分出版的，由 SVETOMIR LAZAREVIC 编辑，1933 年在贝尔格莱德出版（KARIJATI-

DE. FILOZOFSKA BIBLIOTEKA. KNJIGA TREĆA. UREDUJE：SVETOMIR LAZAREVIC. 1933. BEOGRAD）。扉页有题名等信息："KAPITAL. KRITIKA POLITIČKE EKONOMIJE. PRVA KNJIGA. PROCES PROIZVODNJE KAPITALA. NAPISAO：KARL MARX"（资本论：政治经济学批判，第一卷：资本的生产过程，作者：马克思），下方则是科斯莫斯出版商的徽章。扉页背面有译者和出版信息等："Prevelisa nemačkog jezika M. POBIĆ I R BOSANAC. u Zagrebu，septembra meseca 1933"（由波罗比奇、博萨纳茨自德文翻译，1933年9月在萨格勒布出版）。第一卷839页，前言后附有马克思肖像，收录了第一版、第二版的序言，正文后附索引和目录。第二卷551页，译者署名则仅有波罗比奇，1934年10月在诺维萨德出版（u Novom Sadu，oktobra meseca 1934）。目前暂未见国内其他图书馆有收藏。

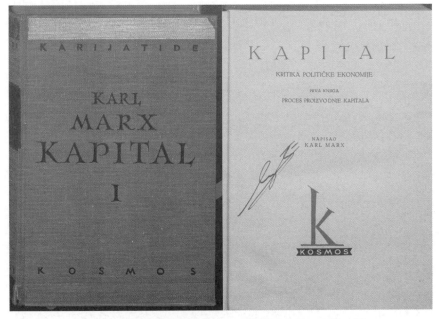

图16 《资本论》塞尔维亚—克罗地亚文第一卷第一版

2.15 《资本论》爱沙尼亚文第一卷第一版（1936 年）

《资本论》爱沙尼亚文译本 1936 年由塔林的托弗（Tohver & Co）公司出版。翻译者是尼戈尔·安德烈森（Nigol Andresen, 1899—1985），其曾任爱沙尼亚议会议员、外交部长等职。

中山大学图书馆藏《资本论》爱沙尼亚文译本第一卷（图 17），共 640 页，封面是浅黄色亚麻布硬皮精装，书脊及四角采用红色皮革包边，书口刷红色颜料。书脊上有烫金标题，并印有出版商 Sõprus 的徽章，扉页一为马克思肖像。扉页二有标题"KAPITAL. POLIITILISE ÖKONOOMIA KRIITIKA."，分卷标题信息为："ESIMENE KÖIDE, KAPITALI PRODUKTSIOONIPROTSESS"（第一卷：资本的生产过程），出版地相关信息：K-Ü SÕPRUS—TALLINNAS 1936。扉页二背面为编译者及出版者信息："TÕLKINUD. NIGOL ANDRESEN. TOIMETANUD：ALEKSANDER JÕEÄÄR PAUL VIHALEM. LISAD KORRALDANUD：ERIK

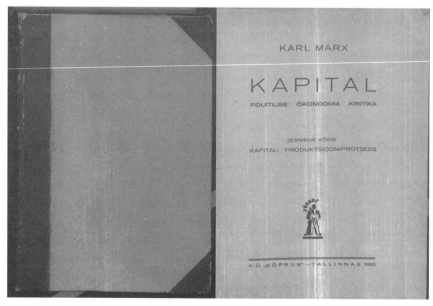

图 17 《资本论》爱沙尼亚文第一卷第一版

TUIMAN. R Tohver & Ko. Trükk，Tallinnas. S. Tartu mnt 49，1936"（译者：尼戈尔·安德烈森；编辑：亚历山大·约耶尔，保罗·维哈勒姆；附录组织者：埃里克·图伊曼；塔林：托弗印刷厂，1936）。扉页三为影印《资本论》第一版扉页，下有标注"Kapitali esimese truki tiitelleht"（首版《资本论》的扉页）。扉页四为爱沙尼亚语译马克思将《资本论》献给沃尔弗的题词，背面影印法文版马克思致拉沙特尔的亲笔信，下有标注"Karl Marx'i kiri kapitali prantsuse tõlke kirjastajale（tõlge lk. 33'）"（卡尔·马克思致《资本论》法译本出版社的信）。《资本论》爱沙尼亚文译本第一卷共 640 页，前有序言、第一至四版序言。正文部分依据德文第 4 版翻译，共 7 篇 25 章，附录部分则刊载了本书出现的著作目录，并附有人物和主题分类索引。自 623 页开始是关于翻译者使用的外语与外来语的说明，以及关于重量与计量的说明、正误表以及内容一览表等。目前暂未见国内其他图书馆有收藏。

3 中山大学图书馆藏《资本论》版本的价值

"马克思主义是我们立党立国的根本指导思想，是我们党的灵魂和旗帜"[2]。把握马克思主义基本原理需要追本溯源、精读经典。习近平总书记强调"要原原本本学习和研读经典著作"[36]。开展《资本论》等马克思主义经典著作早期版本的收集、整理与研究，是深化马克思主义理论研究和建设工程的必然要求，是推进马克思主义学习型政党建设的重要组成部分。目前国内收藏《资本论》早期版本的机构主要有中共中央党史和文献研究院、中国国家图书馆、清华大学图书馆和中国社会科学院图书馆等（表 2）。中山大学图书馆收藏了 14 个语种 15 个版本《资本论》，特别是几个主要语种的早期版本以及多个国内未见的语种初版，成为目前国内收藏《资本论》初版最丰富、最重要的机构之一，不仅展示了中山大学图书馆高远精深的学术理想，将追随中共中央党史和文献研究院引领国内马恩文献典藏研究逐步走向深入的脚步，也将为扎实推进我国的马克思主义理论研究与建设工程提供坚实的文献支撑。

表2　国内主要公藏机构收藏《资本论》各语种初版情况一览

机　构	馆藏情况
中共中央党史和文献研究院	法文第一版，英文第一版，荷兰文第一版，德文第二卷和第三卷第一版
中国国家图书馆	德文第一卷第一版，法文第一卷第一版，英文第一卷第一版，美国版第一版，日文第一个全译本，中文第一版
中国社会科学院图书馆	德文第一、二、三卷第一版
清华大学图书馆	德文第一、二、三卷第一版，法文第一版，俄文第一卷第一版，英文第一卷第一版，美国版第一版，日文第一版，中文第一版
中山大学图书馆	德文第一、二、三卷第一版，俄文第一卷第一版，法文第一卷第一版，波兰文第一卷第一版，丹麦文第一版，意大利文第一卷第一版，英文第一卷第一版，美国版第一版，意第绪文第一卷第一版，日文第一个全译本，匈牙利文第一卷第一版，中文第一卷第一版，瑞典文第一版，塞尔维亚—克罗地亚文第一、二卷第一版，爱沙尼亚文第一卷第一版

《资本论》是马克思耗费了大半生心血的代表作，对其思想的准确理解是掌握马克思主义基本理论最重要的依据和基础[37]。近年来，学术界日益重视对马克思主义经典著作在不同历史时期的出版史和版本的比较研究，编辑、出版和研究"马克思恩格斯全集历史考证版"已成为国际性学术潮流。《资本论》在世界传播过程中，翻译者和出版商因社会背景、学术偏好和出版目的不同，往往选择不同的母本和编译原则，从而形成具有各自语种和地区的版本特色。学术界也越来越倾向于将《资本论》的写作看成一个未完成的、开放的过程[38]。目前，基于版本学研究成果深入探究马克思复杂的思想世界及其演变过程，进而客观而公正地评估《资本论》的当代价值，成为当代马克思主义研究的重要课题。[37]中山大学图书馆收藏的14个语种15个版本《资本论》初版，全面呈现马克思、恩格斯准备、写作、修改、整理和翻译各语种各版本《资本论》的曲折过程，以及各国社会主义者因国情差异、自身

的学术修养和政治命运等对《资本论》的不同认识与理解，对于开展全球《资本论》版本学研究具有重大理论价值，对于全面理解和深入把握马克思主义科学、深邃的思想内涵，客观公正地评估《资本论》的当代价值，不断推进马克思主义中国化时代化大众化具有重大基础性意义。

此外，《资本论》在世界各国的翻译出版表明，它的传播与各国工人运动的发展密切相关，适应了各国工人运动发展的需要，为各国无产阶级政党的建立以及社会主义纲领的制定奠定了坚实的理论根基，为国际无产阶级运动提供了强大的理论武器，为世界人民指明了实现自由和解放的道路。从19世纪下半叶到20世纪初，《资本论》主要在欧美发达资本主义国家出版发行。20世纪初，特别是俄国十月革命胜利后，《资本论》开始在东方的日本和中国传播。第二次世界大战后，随着国际工人运动和世界民族解放运动在亚非拉地区的蓬勃发展，《资本论》开始遍及世界五大洲。正如恩格斯在《资本论》英文版序中所言："本书所作的结论日益成为伟大的工人阶级运动的基本原则"[17]36。中山大学图书馆收藏的14个语种15个版本《资本论》，集中体现了马克思主义理论对于推动和指导各国共产主义运动的深远影响，对于全面探究马克思、恩格斯领导的国际共产主义运动史和各国无产阶级革命斗争史，具有非常重大的意义。

《资本论》诞生100多年来，世界发生了翻天覆地的变化，但《资本论》的基本原理在实践和理论方面都经受住了考验，彰显其不愧为一部伟大的、不朽的科学巨著。正如习近平总书记在纪念马克思诞辰200周年大会上发表重要讲话时指出，"两个世纪过去了，人类社会发生了巨大而深刻的变化，但马克思的名字依然在世界各地受到人们的尊敬，马克思的学说依然闪烁着耀眼的真理光芒。"[1]

参考文献

[1] 习近平. 在纪念马克思诞辰200周年大会上的讲话[EB/OL]. (2018-05-04) [2021-06-12]. https://news.12371.cn/2018/05/04/ARTI1525424 759799964.shtml.

[2] 习近平：在庆祝中国共产党成立100周年大会上的讲话[EB/OL]. (2021-

07-01）［2021-07-06］. http：//www.gov.cn/xinwen/2021-07/01/content_5621847.htm.

[3] 马克思，恩格斯. 马克思恩格斯全集：第16卷［M］. 中共中央马克思恩格斯列宁斯大林著作编译局，译. 北京：人民出版社，1964：263.

[4] 杨国昌.《资本论》在世界上的传播［J］. 北京师范大学学报（社会科学版），1980（1）：20-28.

[5] 耿睿勤.《资本论》在中国的翻译和出版［M］//中国《资本论》研究会《〈资本论〉研究资料和动态》编辑组.《资本论》研究资料和动态：第5集. 南京：江苏人民出版社，1982.

[6] 马克思，恩格斯. 马克思恩格斯全集：第31卷［M］. 中共中央马克思恩格斯列宁斯大林著作编译局，译. 北京：人民出版社，1972.

[7] 张钟朴.《资本论》第一卷德文版——《资本论》创作史研究之五［J］. 马克思主义与现实，2015（6）：45-53.

[8] 宋涛. 马克思主义经济理论全书［M］. 长春：吉林人民出版社，1992：605.

[9] 陈征. 马克思对剩余价值理论的伟大创造——学习《资本论》第二卷序言［J］. 福建师大学报（哲学社会科学版），1979（4）：8-16.

[10] 纪尽善.《资本论》与现代经济研究Ⅲ：《资本论》解析（三）［M］. 北京：光明日报出版社，2015：1.

[11] 王玉兰.《资本论》第一个俄文版本出版始末［J］. 宁夏大学学报（社会科学版），1990（1）：114-119.

[12] 马克思，恩格斯. 马克思恩格斯全集：第32卷［M］. 中共中央马克思恩格斯列宁斯大林著作编译局，译. 北京：人民出版社，1974：167.

[13] 马克思，恩格斯. 马克思恩格斯全集：第33卷［M］. 中共中央马克思恩格斯列宁斯大林著作编译局，译. 北京：人民出版社，1973.

[14] 马克思，恩格斯. 马克思恩格斯全集：第34卷［M］. 中共中央马克思恩格斯列宁斯大林著作编译局，译. 北京：人民出版社，1972.

[15] 张钟朴，冯文光. 法文版《资本论》介绍［M］. 北京：中国社会科学出版社，1984：7-8.

[16] 鲁路.《资本论》法文版翻译出版始末钩沉：基于一批新见马恩信札的研究［J］. 文献，2019（6）：6-23.

[17] 马克思，恩格斯. 马克思恩格斯全集：第23卷［M］. 中共中央马克思恩格斯列宁斯大林著作编译局，译. 北京：人民出版社，1972.

[18] 鲁路,冯瑾,许萌.《资本论》法文版翻译出版的真实记录:记马克思致《资本论》法文版出版人的六封书信[J].国外理论动态,2021(2):14-21.

[19] 黑克尔,朱毅.《资本论》第一卷的诞生及其不同版本[J].国外理论动态,2011(10):1-5.

[20] 杨国昌.《资本论》研究资料汇编[M].石家庄:河北人民出版社,1981.

[21] 马克思,恩格斯.马克思恩格斯全集:第36卷[M].中共中央马克思恩格斯列宁斯大林著作编译局,译.北京:人民出版社,1975.

[22] 乌罗耶娃.不朽的著作[M].李光林,译.济南:山东人民出版社,1992.

[23] 殷叙彝,等.第二国际研究[M].北京:中央编译出版社,1998:18-19.

[24] Karl Marx, Kapitalen, erste dänische Übersetzung [EB/OL].[2021-06-10]. http://karlmarx.lu/Kapitalen.htm.

[25] 马克思,恩格斯.马克思恩格斯全集:第39卷[M].中共中央马克思恩格斯列宁斯大林著作编译局,译.北京:人民出版社,1972:79,91.

[26] 张钟朴.《资本论》第一卷法文版及其他版本:《资本论》创作史研究之六[J].马克思主义与现实,2016(3):55-63.

[27] 汤在新.《资本论》第1卷几种版本对结构的调整[J].武汉大学学报(哲学社会科学版),1992(4):16-22.

[28] 马克思,恩格斯.马克思恩格斯全集:第38卷[M].中共中央马克思恩格斯列宁斯大林著作编译局,译.北京:人民出版社,1972.

[29] Karl Marx, Dos Kapital, first Yiddish translation [EB/OL].[2021-06-10]. http://karlmarx.lu/DosKapital.htm.

[30] 戈尔曼."新马克思主义"传记辞典[M].赵培杰,等译.重庆:重庆出版社,1990:809-810.

[31] 尹昕,蒋耘中.民国时期清华所藏外文版《资本论》评介[J].清华大学学报(哲学社会科学版),2017(5):74-80,196-197.

[32] 刘南燕.陈启修:第一位翻译《资本论》的中国学者:上[J].前进论坛,2003(9):31-35.

[33] 马克思.资本论:第1卷:第1分册[M].陈启修,译.上海:昆仑书店,1930:1-2.

[34] Karl Marx, Kapitalet, first Swedish translation [EB/OL].[2021-06-10]. https://karlmarx.lu/Kapitalet.htm.

[35] 徐坤明. 译自狱中的《资本论》塞文本 [J]. 瞭望, 1983 (11): 28-29.

[36] 聂锦芳. 人民日报观点：研读经典著作 掌握看家本领 [EB/OL]. (2014-07-17) [2021-04-28]. http://opinion.people.com.cn/n/2014/0717/c1003-25290949.html.

[37] 聂锦芳. 为什么要展开对《资本论》的"版本学"研究？[EB/OL]. [2021-07-06]. https://www.thepaper.cn/newsDetail_forward_13446521.

[38] 鲁路. 中央党史和文献研究院信息资料馆专项图书收藏介绍 [EB/OL]. [2021-07-06]. http://www.dswxyjy.org.cn/n1/2020/0414/c427195-31673347.html.

中国经典推荐书目的传统及其当代价值[①]

熊 静

上海大学文化遗产与信息管理学院，上海，200444

摘　要：随着时代变迁，人们对于经典内涵的认知一直在发生着变化，受此影响，经典阅读也体现出较为明显的时代特征。19世纪末、20世纪初以来，中国进入了一个思想激荡、社会变革加剧的时期，对传统经典的看法成为区分学术流派的重要标志。为了启迪民智，传播思想，进步知识分子将经典推荐书目作为"争夺青年"的工具，经典推荐书目迎来了发展的高峰期。通过对20世纪以来经典阅读与经典推荐书目发展情况的梳理，分析经典推荐书目的总体特征，并结合当前经典推荐书目工作现状，提出经典推荐书目工作的发展建议。

关键词：经典推荐书目；经典阅读；经典传承

今天我汇报的题目是《中国经典推荐书目的传统及其当代价值》，本次论坛的主题叫作"科技与传承：新时代古籍保护学科的使命"。受邀发表的几位老师的研究更多是围绕古籍整理与保护的理论和实践本身展开的，我的题目则主要关注经典传承的问题，按理说应该放在最后一个讲，既然让我来"打头炮"，也只能勉为其难，做先抛出的一块"砖"，请各位老师同学指正。

当前，国家高度重视优秀传统文化的传承与发展工作。新时期的古籍保护学科，当然首先要对古籍本体进行非常好的整理和保护，与此同时也不应忽略另一项使命——思考如何让包括古籍在内的优秀传统文化精髓，能够得到更好的创造性转化和创新性的发展。当代社会，特别是

[①] 本文由曹甜甜据上海大学文化遗产与信息管理学院图书情报学系熊静副教授于2020年9月19日在中山大学资讯管理学院40周年院庆学术活动之青年学者论坛一席谈Ⅳ——"科技与传承：新时期古籍保护学科的使命"上的主旨报告整理。

对年轻人来说，从小接触的环境，跟传统文化、传统经典的距离是比较远的。所以，我这两年的研究兴趣，除了清代宫廷戏曲文献整理之外，也做一些经典阅读推广方面的研究。借这个场合我将研究心得来向老师和同学们做一个汇报。经典推荐书目在我国的历史非常悠久，也一直被认为是促进经典阅读的较为行之有效的手段，希望通过我的研究，能够为古籍保护和传承工作提供一些参考。今天的汇报大致分为三个部分：先是对经典和经典阅读概念内涵的变迁进行一个简要的概括，这是我们20世纪以来经典阅读和经典阅读推荐书目发展情况的一个背景；接下来两方面主要是通过对20世纪以来的经典推荐书目的书目内容和开列情况的考察，为当前传统经典推荐书目工作提供一些建议。

1 经典与经典阅读

1840年以前，中国古人对于经典的认识，用下面的这两幅图片（图1）就可以做一个很好的说明。

图1 "经"和"典"的字形演变

资料来源：http://www.vividict.com/Public/index/page/index/index.html#.

古人普遍认为，经典是非常神圣的东西。我国古代图书馆学非常有名的一篇文献——《隋书·经籍志》，开篇为"夫经籍也者，机神之妙旨，圣哲之能事"，这句话就已经非常准确地概括了古人的"经典"观。对于古人来说，只要是进行阅读，当然是从经典著作开始的，所以，经典阅读推广在古代社会是一个伪命题。当然，我们首先需要做一个界定,这里所说的经典,主要是指面向大众的、具有重要影响的、经久不衰的著作,其内容或被大众普遍接受,或在某专业领域具有典范性与权威性[1]。专业经典是有些特殊性的,不在我们今天的讨论范围内。

那么,中国人对于经典的认知到什么时候发生了变化?这个时间转折点应当是在西学东渐以后。在西学东渐这样一个历史背景下,当时的学术主流是用西方学问来条理中国古代的学术,引进西方的技术、文化来实现救亡图存。为了让人们更快地接受新知识、新技术,就需要一个打破传统观念的过程。所以,在那样的一个时代,我们对于传统文化、古代经典产生了一些"批评"的声音,这里只列出几种比较具有代表性的观点。

一个是胡适在《国学季刊》发刊宣言里所说的:

> 庙堂的文学固可以研究,但草野的文学也应该研究。在历史的眼光里,今日民间小儿女唱的歌谣和《诗三百篇》有同等的位置;民间流传的小说和高文典册有同等的位置,吴敬梓、曹霑和关汉卿、马东篱和杜甫、韩愈有同等的位置。……近来颇有人注意戏曲和小说了;但他们的注意仍不能脱离古董家的习气。他们只看得起宋人的小说,而不知道在历史的眼光里,一本石印小字的《平妖传》和一部精刻的残本《五代史平话》有同样的价值,正如《道藏》里极荒谬的道教经典和《尚书》《周易》有同等的研究价值。[2]

事实上,胡适的思想应该是属于文化保守主义的。但与传统认为只有四书五经这样的书籍才是"圣哲之能事",到了胡适的时期,显然经典的范围在扩大,俗文学也占据了一席之地。

钱玄同先生的观点:

> 中国文字论其自形,则非拼音而为象形文字之末流,不便于识,不便于写;论其字义,则意义含糊,文法极不精密;论其在今日学问上之应用,则新理新事新物之名词,一无所有;论其过去之

历史，则千分之九百九十九为记载孔门学说及道教妖言之记号。此种文字，断断不能适用于二十世纪之新时代。我再大胆宣言道：欲使中国不亡，欲使中国民族为二十世纪文明之民族，必以废孔学，灭道教为根本之解决，而废记载孔门学说及道教妖言之汉文，尤为根本解决之根本解决。[3]

钱玄同的观点相对胡适更为激进，他认为我们中国的文字相对于西方文字比较落后，可以说对于我们传统文化、传统经典是一种彻底的否认态度。

2 经典阅读的选择——基于 20 世纪推荐书目史的考察

在这样的社会背景下，到了 20 世纪 20 年代前后，随着西学东渐的深入，一些学者也开始日渐认识到，一味地批评传统，并不能让中国真正地富强起来。当此之时，也有一些学者开始思考：一方面，西学东渐仍是主流，仍需吸收西学之长以促进中国的现代化进程；另一方面，能否从传统文化中汲取一些营养，来形成中国的学术体系，用今天的话说，就是形成中国自己的学术发展道路。因此，一批学者又回过头来重新审视传统经典的价值，在这个过程中，各种思想互相碰撞，影响了之后一个世纪我们对于传统经典的认知。推荐书目作为表达观点的工具，在这一阶段也迎来了发展的高峰。这里举两个例子来说明。

2.1 胡梁的"国学书目之争"

第一个就是胡梁的"国学书目"之争，这在民国学术史上也是非常有名的事件。事件的起因是在 1923 年，由于当时的清华是留美预备学校，这里的学生未来出国主要是去学理工科知识的，但是，他们同时也觉得：我作为一个中国人，去到了美国去到了欧洲，需要对于我国自己的传统文化有一些基本知识。所以这批学生去信给胡适先生，希望胡适为他们开列一份国学导读书目。胡适应允后,开列了《一个最低限度的国学书目》[4](收录古籍名著190种,分为工具、思想史、文学史三类。简称胡目)。如果只是胡适先生开列书目,事情也许就到此为止了。后来这批清华的学生,大概是因为对胡适的书目有一些不同的看法,同时也希望听到更多的声音,所以就把胡适先生的书目,以及希望给开列国学书目的意思,又转呈给了梁启超先生。梁启超先生也是当时非常有名的学者,可以说是青年领袖。梁启超读了胡适的目录之后大为不满,于是也应清华学生的要求开列了《国学入门书要目及其读法》[5]1-36(收录古书约160种,分为修养应用及思想史关系书类、政治史及其他文献学书类、韵文书类、小学书及文法类书、随意涉览书类五类。简称梁目)。两个书目的内容差异是比较大的,特别是梁启超在看了胡适的书目之后,写了一篇《评胡适之的"一个最低限度的国学书目"》,对其书目提出了比较具体的批评意见。由于这两个人都很有社会影响力,文章发出后,在社会上引发了一场关于国学书目、青年人应该读什么书的争论。后人把这个事件称为"国学书目之争"。

单从书目开列技术的角度看,显然梁目是更合理的。首先,梁目的分类比胡目要更加细致,而且传统的经、史、子、集四部学问都基本涵盖在内。其次,梁启超为每本书撰写了一个简单的提要,这也是我们古代书目的传统。所以,从书目的开列技术上,梁目是更胜一筹的。

梁启超对胡目的批评主要集中在以下方面:

> 我最诧异的,胡君为什么把史部书一概屏绝?一张书目名字叫做"国学最低限度",里头有什么《三侠五义》《九命奇冤》,却没有《史记》《汉书》《资治通鉴》,岂非笑话?若说《史》《汉》《通鉴》是要"为国学有根柢的人设想"才列举,恐无此理。若说不读《三侠五义》《九命奇冤》,便够不上国学最低限度,不瞒胡君说,区区小子便是没有读过这两部书的人。我虽自知学问浅陋,说我连国学最低限度都没有,我却不服。[5]212-216

在近百年后,当我们以一个旁观者的心态来回顾这次事件就会发现，在是否鼓励、倡导青年学子阅读中国古代经典这个根本问题上，胡梁二人并无异议。争论的焦点主要在于入选国学基本书的具体书目，概言之，即二人在对中国经典内涵的认知上存在着比较大的差异。胡适是新文化运动的旗手之一，一向积极鼓吹白话文、文学改良，对于他来说，《三侠五义》《九命奇冤》这些普通民众爱读的通俗文学作品，与儒家经典具有同等重要的位置，而且这些"草根文学"更加鲜活，更能展现文学的"人民性"，入选也在情理之中。梁启超的观点则更加正统一些，入选的书目也更符合我国文化传统中对于经典的认定。

2.2 《京报副刊》两大征求活动

如果说胡梁"国学书目之争"尚且属于学术观点的交锋，双方并未否定国学经典的价值，那么，1925年《京报副刊》"两大征求"活动，让我们更加直观地感受到了中国传统经典当时的"危险处境"。1925年元月4日，《京报副刊》刊发《一九二五新年本刊之二大征求△青年爱读书十部△青年必读书十部》，正式发起被后世称为"两大征求"的推荐书目活动。其中，爱读书是针对青年人自身的。必读书针对当时非常有名的一些学者，向他们邮寄选票，这些学者填好选票之后再寄回来。据我们统计，当时一共有78位学者给《京报副刊》寄回了选票。从"必读书"开列的内容看，学者开列的书单都有强烈的个人倾向，体现了推荐者本人的治学兴趣，而其共同点在于对中西学问的同等关注。

而真正让这次征求活动"名声大噪"的，是1925年2月21日《京报副刊》刊出的著名作家鲁迅"青年必读书"选票。在这张"空白"选票上，鲁迅写道："从来没有留心过，所以现在说不出"，并在附注中特意说明：

> 我看中国书时，总觉得就沉静下去，与实人生离开；读外国——但除了印度——书时，往往就与人生接触，想做点事。
> 中国书中虽有劝人入世的话，也多是僵尸的乐观；外国书即使

是颓唐和厌世的,但却是活人的颓唐和厌世。

我以为要少——或者竟不——看中国书;多看外国书。[6]

至此,一石激起千层浪,一场中国书到底值不值得读的大讨论拉开了帷幕,许多学者参与其中,撰文支持或者批评鲁迅的观点。从第二个例子可以看到,关于国学书目的争论,双方争论的激烈程度。甚至像国民党元老吴稚晖,曾经在一次讲话中说,他是要投线装书于茅厕 30 年的人[7]。这些都是当时非常激进的观点。且不论论争的具体内容,从上边的例子不难看到,推荐书目在表达学术观点、争取民众方面的重要作用,参与其中的学者以推荐书目为工具,而推荐书目也确实展示出了广泛的社会影响力。

2.3 20 世纪中国经典推荐书目的特征分析

从 20 世纪 20 年代以来,学者充分认识到经典推荐书目的重要价值,根据社会的实际情况,开列了一系列有关中国古代典籍的推荐书目。其中比较知名的有梁启超的《国学入门书要目及其读法》、胡适的《一个最低限度的国学书目》,及章太炎、汪辟疆等人的书目。20 世纪后半期,推荐书目的编制得到了一定的发展。根据不完全统计,1951—1955 年,全国就有 70 余种推荐书目出版,其中,1952 年北京图书馆编制的《中国古代重要著作选目》较有影响。80 年代以后,各种不同类型的推荐书目不断涌现,对广大读者的读书起到了积极的作用。我们对 20 世纪的中国传统经典推荐书目进行收集整理后,进行了一个推荐频次统计,最后得出的结论是,在所有被推荐的著作中,中国经典排名前十位的依次为:《诗经》《史记》《庄子》《老子》《论语》《孟子》《韩非子》《楚辞选》《左传》《荀子》。从这个书单不难看到,被频繁推荐的书籍基本上都是先秦典籍。这说明:时至今日,人们仍然普遍认为距今历史已经非常久远的先秦典籍,代表了我们民族文化的精髓。

由此,我们也可以对 20 世纪中国经典推荐书目的总体特征做一个简要的分析:

（1）首先，开列推荐书目是思想性非常强的一项活动。因为推荐书目的开列并没有一定之规，都是直接体现推荐者的学术背景及其对于社会文化发展趋势的思考。

（2）从20世纪的发展史来看，推荐书目一直被认为是"争夺青年"的重要工具。换句话说就是，推荐书目的开列者普遍认为，推荐书目是一种行之有效的能够引起青年阅读兴趣，能够引起他们对于传统文化兴趣的手段，从而积极参与相关的一些工作。

（3）从推荐书目本身来看，则体现了以下三个方面的特征：

首先，是从艰深到浅显，从文言到白话。这一点是比较好理解的。在20世纪50年代以前的推荐书目，除了胡适的书目之外，基本上是没有推荐中国古代小说的。到了1949年以后的推荐书目中，四大名著以及古代小说的上榜频次明显提高。

其次，从原本到节本，从专集到选集。像《唐诗三百首》《古文观止》之类的选本，上榜率明显提高，因为这些书在古时候都属于启蒙读物。到了20世纪后半期之后，因为民众文言文阅读能力在下降，所以形成了这样一种趋势。从专集到选本，早期推荐的大多是《李白集》《杜甫集》这样的专集，到后来推荐的大多是《唐诗三百首》这样的选集，就是其表现。

最后，总体来说，体现了传统经典阅读大众化的发展方向。

3 中国传统经典推荐书目的当代价值

上面我们对20世纪中国经典推荐书目做了一个简要的特征分析。近20年来的情况又是怎样的呢？通过对中国经典推荐书目当代发展情形的考察，更有助于从中找到改进推荐书目工作的建议。

3.1 近20年中国传统经典推荐书目现状

我们采用了相同的方法对近20年来中国经典推荐书目的现状展开调研，相关数据还在进一步统计中，这里先向各位汇报一些初步结论。

总体来说,近 20 年中国经典推荐书目及推荐书目工作有以下四个方面的总体特点:

(1) 参与主体越来越广泛。我们收集到的 20 世纪的推荐书目,大多数是学者个人的推荐行为。到了今天,出现了更多的机构推荐,如图书馆推荐书目、出版社推荐书目等,呈现集体推荐的发展趋势。

(2) 分众推荐的观念深入人心。比如说,0 到几岁年龄段、小学生、中学生等分众的观念深入人心。

(3) 新媒体传播手段的广泛应用。之前推荐书目更多采用纸质出版的形式,而今天更多的是通过微博、微信等网络信息平台来进行传播。

(4) 家庭阅读受到特别重视。

为了更直观地展现当前经典阅读与经典推荐书目的现状,我们选择大学生这一具有代表性的群体,以近 20 年来大学生经典推荐书目,及 42 所"双一流"高校的图书借阅数据为收集对象,通过对数据的分析处理,得出以下结论。

首先,我们对近 20 年出版或发布的大学生推荐书目进行了推荐频次分析,筛选其中的外国著作、现代著作,推荐频次超过 2 的中国传统经典著作如表 1 所示。

表 1 大学生推荐书目传统经典推荐频次

序号	书名	作者	推荐频次/次	图书类别
1	论语	(先秦) 孔丘	25	哲学
2	红楼梦	(清) 曹雪芹	22	文学
3	史记	(汉) 司马迁	16	历史
4	三国演义	(明) 罗贯中	12	文学
5	庄子	(先秦) 庄周	9	文学
6	古文观止	(清) 吴楚材、吴调侯	8	语言
7	论语译注	杨伯峻	8	哲学
8	道德经	(春秋) 老子	7	哲学
9	唐诗三百首	(清) 蘅塘退士	7	文学

续表

序号	书名	作者	推荐频次/次	图书类别
10	水浒传	（元末明初）施耐庵	5	文学
11	孙子兵法	（先秦）孙武	5	军事
12	资治通鉴	（宋）司马光	4	历史
13	西游记	（明）吴承恩	3	文学
14	宋词三百首	（民国）上彊村民	3	文学
15	楚辞	（先秦）屈原	2	文学
16	儒林外史	（清）吴敬梓	2	文学
17	文史通义	（清）章学诚	2	历史

注：本部分数据由上海大学硕士研究生刘军玲同学统计。

如表1所示，除了《论语》《史记》等这些传统经典之外，四大名著的排名是比较高的。这也再一次印证了20世纪以来经典推荐书目的发展趋势，在今天仍然在延续。而专门针对大学生的推荐书目，如《唐诗三百首》《古文观止》这样的古代童蒙读物仍然上榜，也从一个侧面说明经典阅读大众化趋势。

上面这个统计，一定程度上代表了"专家意见"，即学者、师长认为大学生应该读哪些书。为了更加立体地说明问题，我们又以双一流高校图书馆借阅数据为样本，进行了大学生借阅频次统计（表2、表3）。当然，需要特别说明，借阅榜一定程度上可以体现学生的阅读兴趣；但是，学生借来的书不一定会读，读的书也不一定全靠去图书馆借，因此这类统计只能给我们一个大致的方向。

表2 "双一流"高校借阅排行榜登榜图书频次统计（2017年）

序号	书名	作者国别	登榜频次/次	排名区间/名	平均值/名	图书类别
1	平凡的世界	中国	7	1~3	1.85	文学
2	明朝那些事儿	中国	5	1~3	1.8	历史
3	三体	中国	4	2~5	3	文学
4	大秦帝国	中国	3	2~4	3.33	文学

续表

序号	书名	作者国别	登榜频次/次	排名区间/名	平均值/名	图书类别
5	射雕英雄传	中国	3	3～5	4.33	文学
6	嫌疑人X的献身	日本	2	1	1	文学
7	银河帝国	美国	2	1	1	文学
8	万历十五年	美国	2	1～2	1.5	历史
9	人类简史	以色列	2	1～2	1.5	历史
10	冰与火之歌	美国	2	1～4	2.5	文学
11	解忧杂货店	日本	2	2～3	2.5	文学
12	盗墓笔记	中国	2	1～5	3	文学
13	天龙八部	中国	2	1～5	3	文学
14	许三观卖血记	中国	2	2～5	3.5	文学
15	1Q84	日本	2	2～5	3.5	文学
16	百年孤独	哥伦比亚	2	3～4	3.5	文学
17	家庭、私有制和国家的起源	德国	2	3～5	4	马克思、恩格斯著作
18	九州缥缈录	中国	2	4～5	4.5	文学

注：本部分数据由上海大学硕士研究生刘军玲同学统计。

表3 "双一流"高校借阅排行榜登榜图书频次统计（2018年）

序号	书名	作者国别	登榜频次/次	排名区间/名	平均值/名	图书类别
1	平凡的世界	中国	5	1～5	3.2	文学
2	明朝那些事儿	中国	2	1	1	历史
3	天龙八部	中国	2	1～2	1.5	文学
4	活着	中国	2	2～2	2	文学
5	三体	中国	2	2～3	2.5	文学

续表

序号	书名	作者国别	登榜频次/次	排名区间/名	平均值/名	图书类别
6	习近平的七年知青岁月	中国	2	1~4	2.5	历史
7	许三观卖血记	中国	2	3~3	3	文学
8	理想国	古希腊	2	3~4	3.5	哲学
9	1Q84	日本	2	2~5	3.5	文学
10	巨人的陨落	英国	2	2~5	3.5	文学
11	笑傲江湖	中国	2	4~5	4.5	文学

注：本部分数据由上海大学硕士研究生刘军玲同学统计。

表2、表3是对42所"双一流"高校图书馆2017—2018年度图书借阅频次的统计结果，从中很明显地看出，排名靠前的书主要是一些通俗读物、小说等读物，两年的统计结果基本类似。与表1对比，一个很有趣的现象是：借阅排行榜反映的大学生阅读兴趣，跟前面统计的经典阅读推荐书目上榜书籍基本是没有重合的；也就是说，大学生"正在读"的书和师长希望他们读的书存在明显的二元背离。这不能不说是当代大学生经典阅读中一个难解之题。

讲到这里，我们不得不感叹历史的惊人相似。如果大家还没有忘记前面介绍的两大征求活动，我们也曾将"爱读书"和"必读书"的结果进行了对比，结果如表4所示。可以看到，各自排名票选前十的书重复率也极低，除《史记》和《胡适文存》外，其他青年人喜欢读的书，和民国大家们从专业角度认为青年人应该读的书，基本没有重合之处。我想这大概也揭示了当前推荐书目工作面临的最大的一个问题：到底怎样才能让推荐工作变得有效果，真正去促进目标群体的阅读？这是相关工作从业者必须思考的一个问题。

表 4 两大征求结果对比

爱读书征求前十名	票数/票	必读书征求前十名	票数/票
红楼梦	183	史记	19
水浒传	100	资治通鉴	15
西厢记	75	孟子	15
呐喊	69	胡适文存	14
史记	68	中国哲学史大纲	13
三国志	62	论语	12
儒林外史	57	左传	11
诗经	57	庄子	10
左传	56	科学大纲	10
胡适文存	51	老子	9

注：本表数据由笔者统计。

上面介绍了分众经典阅读推荐书目的状况，我们再来看一个家庭阅读推广的例子——深圳图书馆南书房。从 2013 年起，深圳图书馆联合各界专家学者开始推出《南书房家庭经典阅读书目》，每年向民众推荐 30 种家庭经典阅读书目[8]。可见，当前的图书馆阅读推广，已将经典阅读、面向家庭的阅读作为重点关注的一个方向。图书馆既然要参与经典推荐书目工作，应该如何发挥自身优势，取得更好的效果？这里我提出一个引子，也希望有志于此的同学能够对这个问题进行更加深入的研究，共同促进全民阅读工作的深入开展。

3.2 中国传统经典推荐书目研究的未来方向

最后，对我的汇报做一个简单的总结。前面已经介绍了近 20 年来推荐书目工作的基本特征、发展方向。针对当前工作存在的问题，我认为：首先应该加强推荐书目的基础研究，包括对读者经典阅读习惯、阅读行为的深入研究等。前面已经提到，当前推荐书目工作的最大问题，就是书目中列举的书，目标群体可能根本就没有在看。我想解决这个问题的方法,除了推荐工作的组织者更多地使用现在年轻人喜闻乐见的传播手段,提升传播效率外,还有一个,就是要切实加强推荐书目的基础研究,要去了解用户行为、用户习惯,通俗地说,就是要知道他们为什么不读传统经典。其次,从图书馆的角度,在现在这样一个信息过载的时代,推荐书目数量非常多,我们能不能利用专业特长,去完善中国传统经典推荐书目数据库的建设,在此基础上,利用大数据或者数字人文的分析手段,让我们推荐书目的呈现变得"灵动"起来,这可能也是吸引目标群体"眼球"的一个很好的方式。

参考文献

[1] 王余光. 阅读,与经典同行 [M] // 王余光. 阅读,与经典同行. 深圳:海天出版社,2013:16-42.

[2] 胡适. 发刊宣言 [J]. 国立北京大学国学季刊,1923 (1).

[3] 钱玄同. 中国今后之文字问题 [J]. 中国新文学大系,1935 (1):141-392.

[4] 胡适. 学问与人生:胡适四十自述(评注本)[M]. 北京:中国纺织出版社,2015:157.

[5] 梁启超. 读书指南 [M]. 合肥:安徽人民出版社,2013.

[6] 王世家. 青年必读书:一九二五年《京报副刊》"二大征求"资料汇编 [M]. 郑州:河南大学出版社,2006:19.

[7] 蒋梦麟. 一个富有意义的人生 [M] // 蒋梦麟. 激荡的中国:北大校长眼中的近代史. 北京:九州出版社,2015:327.

[8] 张岩. 从经典阅读到返本开新的文化建设——以深圳图书馆"南书房"经典阅读空间为例 [J]. 图书馆论坛,2016 (1):61-66.

关于法藏汉籍目录编纂的几点思考[①]

刘 蕊

上海大学文学院，上海，200444

摘 要：法国所藏汉籍文献主要聚集在巴黎，逐一分析法国图书馆已有汉籍目录的编纂方式和体例特征，可知其不足，同时这也是当前法藏汉籍编目工作所面临的困境。而近年新出版的《美国耶鲁大学图书馆中文古籍目录》和《英国剑桥李约瑟研究所东亚科学史图书馆藏汉籍善本图录》，在编纂方法上打破古旧常规，颇具独到之处。此二目对于法藏汉籍目录的编纂具有启发意义。

关键词：汉籍目录；法藏汉籍；目录编纂

中文古籍在法国的分布状态是以巴黎为聚焦点，法国国家图书馆（Bibliothèque Nationale de France）、法兰西学院汉学研究所图书馆（Bibliothèque de l'Institut des Hautes Études Chinoises, Collège de France）、亚洲学会（Société Asiatique）图书馆、法国国立东方语言文化学院（Institut National des Langues et Civilisations Orientales）图书馆、法国远东学院（École Française d'Extrême-Orient）图书馆，是存藏中文古籍最集中和丰富的五所机构。巴黎之外的其他城市中，保存中文古籍相对较多的，有里昂市立图书馆（Bibliotheque Municipale de Lyon）、里尔市立图书馆（Bibliotheque Municipale de Lille）、斯特拉斯堡大学（Université de Strasbourg）图书馆等，主要源自汉学家的旧藏

[①] 本文由李晨光据上海大学刘蕊副教授于 2020 年 9 月 19 日在中山大学资讯管理学院 40 周年院庆学术活动之青年学者论坛一席谈Ⅳ——"科技与传承：新时期古籍保护学科的使命"上的主旨报告整理。本文系国家社会科学基金项目"法兰西学院汉学研究所馆藏汉籍整理与研究"（18CTQ010）和全球汉籍合璧工程子项目"法兰西学院汉学研究所与里昂市立图书馆藏汉籍编目"（HBB201806）阶段性成果。

捐赠。

1 法国图书馆所编汉籍目录的概况

目前已完成的法藏汉籍目录大体有以下几种[1]：

一是中法文对照的简目，以西方现代学科体系为分类标准，对文本内容略有介绍，不涉及古籍的具体版式。如古恒（Maurice Courant）《国家图书馆手稿部藏中国、朝鲜、日本书籍目录》（*Bibliothèque Nationale Département des Manuscrits. Catalogue des Livres Chinois, Coréens, Japonais, ETC, 1902 – 1912*）[2]。尽管题名涵括了中国、朝鲜、日本，但该目录仅收录中国书籍，并未涉及朝鲜和日本书籍（图1、图2）。

图1 古恒《国家图书馆手稿部藏中国、朝鲜、日本书籍目录》

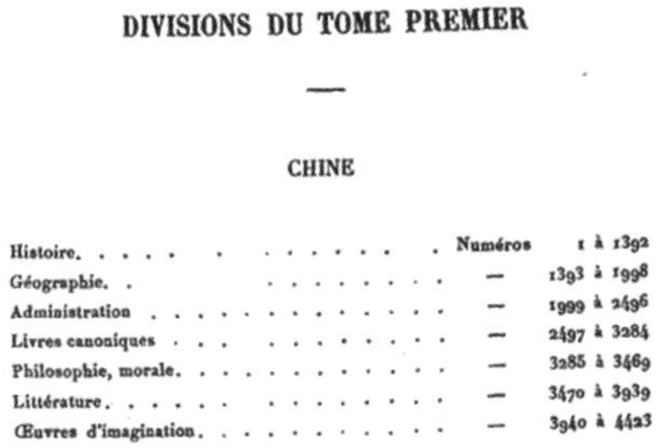

DIVISIONS DU TOME PREMIER

CHINE

Histoire.	Numéros	1 à 1392
Géographie.	—	1393 à 1998
Administration	—	1999 à 2496
Livres canoniques	—	2497 à 3284
Philosophie, morale.	—	3285 à 3469
Littérature.	—	3470 à 3939
Œuvres d'imagination.	—	3940 à 4423

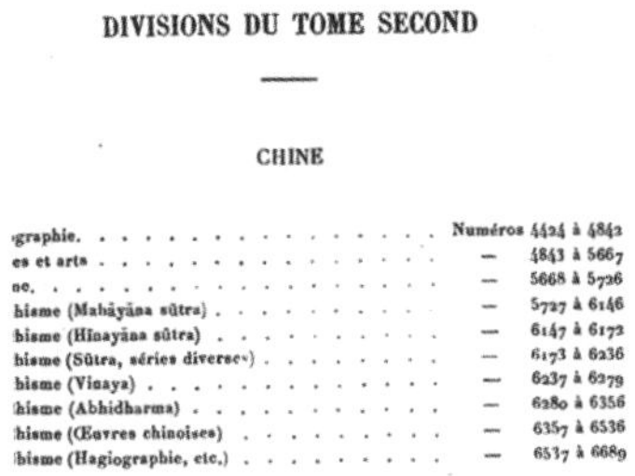

DIVISIONS DU TOME SECOND

CHINE

graphie.	Numéros	4424 à 4842
es et arts	—	4843 à 5667
ne.	—	5668 à 5726
hisme (Mahāyāna sūtra)	—	5727 à 6146
hisme (Hīnayāna sūtra)	—	6147 à 6172
hisme (Sūtra, séries diverses)	—	6173 à 6236
hisme (Vinaya)	—	6237 à 6279
hisme (Abhidharma)	—	6280 à 6356
hisme (Œuvres chinoises)	—	6357 à 6536
hisme (Hagiographie, etc.)	—	6537 à 6689

图2　古恒目录

二是仅著录索书号和书名，大体以书名的法式拉丁转写字母为序，并对应中文题名。如伯希和（Paul Pelliot）《国家图书馆中文藏书伯希和 A 藏 B 藏索引》（*Répertoire de《Collections Pelliot》《A》et《B》du Fonds Chinois de la Bibliothèque Nationale*, 1913）[3]。

三是以书名的法式拉丁转写字母为序，依次著录索书号、转写书名、中文书名、作者、卷册、所属丛书等。如《法国远东学院图书馆中文藏书简目》（*Inventaire du Fonds Chinois de la Bibliothèque de l'École Française d'Extrême-Orient*, 1929 – 1937）[4]。

四是由中国学者编撰，综合中国传统四库分类法与近代西方图书分类法于一体，以法文释写书名、人名、书坊名等，附注中文。每条书目依次著录书名、索书号、作者、序跋、基本版本信息，不描述版式。并且将丛书各子本根据其属性分列于各小类之下。如王重民《伯希和 A 藏 B 藏目录》（*Catalogue des Collections Pelliot A et B Rédigé par Wang Tchong-min*, 1935 – 1939）①。

五是以中文著录索书号、作者、书名、刊印者、刊印日期。如 Lili Sun 编纂、Anne-Marie Poncet 审校的《罗尼特藏中文图书》（*Fonds Chinois Bibliothèque Léon de Rosny*, 1994）②。

六是以作者拼音字母为序，先以中文著录作者、书名、版本，再翻译为法文，间附书影，目录后附作者和书名拼音索引。如布利（Jean-Louis Boully）

① 非正式出版物。

② 非正式出版物。

《法国里昂市立图书馆馆藏里昂中法大学 1921—1946 年中文书目》（*Ouvrages en Langue Chinois de l' Institut Franco-Chinois de Lyon，1921–1946*）[5]。

　　七是依照中国传统的四部分类法分类，以作者时代先后为序，描述版式，撰写提要，后附书目索引。如田涛《法兰西学院汉学研究所藏汉籍善本书目提要》[6]。

　　以上七种目录中，有四种是按照书名或作者的字母顺序编排，并未采用任何图书分类法；另外三种则分别采取了西方学科分类法、综合中西方图书分类法、四部分类法。析言之，《国家图书馆手稿部藏中国、朝鲜、日本书籍目录》按照西方学科分类，将中文古籍分为历史、地理、政书、经部、哲学伦理、文学、想象的著作、辞书、科学与艺术、宗教（道教、佛教、天主教、新教、伊斯兰教）、类书。原计划编录的丛书和杂著两部分因故搁置。王重民编纂的《伯希和 A 藏 B 藏目录》（图 3）是在伯希和所编索引的基础上，将法国国家图书馆中文特藏中的伯希和 A 藏 B 藏书籍分为十大类，大类下再分小类，依次是目录学、历史（王朝史、杂史、编年史、传记①、诏令奏议类）、地理（一般著作、现实的和神奇的地理、中国方志、边境与外国方志②）、经学（易经、书经、诗经、三礼③、春秋三传、孝经、四书、群经总义类、石经）、哲学（哲学著作一：周至秦，哲学著作二：宋至明、回忆录、行政、占卜、宗教）、文学（别集类④、总集类、词和戏剧、小说、评论）、古董与艺术（金石类、古币学、印章学、绘画与书法、音乐、游戏）、辞书学（字书、韵书）、科学（算术、天文历法、医学、军事学、农业桑业矿业）、丛书与类书（丛书、类书），索书号依旧沿用伯氏索引。《法兰西学院汉学研究所藏汉籍善本书目提要》仅分为经部、史部、子部、集部四大类（图 4）。

---

　　① 传记又分为个人传记、传记合集。
　　② 中国方志按照省份，具体包含江苏、浙江、安徽、江西、湖北、湖南、四川、河北、河南、山东、山西、陕西、甘肃、福建、广东、广西、贵州、沈阳和吉林、新疆、热河和察哈尔、宁夏和青海。边境与外国方志下又分为满洲和蒙古、中亚、西藏和印度、云南和印度支那、日本朝鲜古台湾岛等、南方诸岛、欧洲美洲等。
　　③ 三礼下又分为周礼、仪礼、礼记、其他礼书。
　　④ 别集又分为汉至唐、宋、金元、明、清。

Catalogue des Collections Pelliot A et B du fonds Chinois

Premier chapitre. Bibliographie.

Chinois.

Catalogue des collections Pelliot A et B rédigé par Wang Tchong-min. 1935-1939.

Table des matières.

图3 王重民《伯希和A藏B藏目录》

法蘭西學院漢學研究所藏

漢籍善本書目提要

CATALOGUE ANNOTÉ DES OUVRAGES CHINOIS RARES CONSERVÉS À L'INSTITUT DES HAUTES ÉTUDES CHINOISES DU COLLÈGE DE FRANCE

[法] 魏丕信 監修
田 濤 主编
岑詠芳 王家茜 助编

中 華 書 局

六經圖 通志堂經解 3

SB 1001

六經圖 十二卷 清鄭之僑輯 二函十二册

清乾隆八年(1743)刻本。半頁九行二十二字,白口,雙魚尾,四周雙邊。框高 21.0 cm,寬 14.4 cm。

【提要】此書明清以來版本甚多,均以解釋六經爲宗旨,一般有插圖。此本書口下有"述堂"二字,當係作者鄭之僑齋號。書中有小幅插圖,刊刻纖細柔美。

SB 1002

通志堂經解 一百四十種一千八百六十卷 清納蘭成德编 六十函三百九十九册

清康熙通志堂刻本。框高 20.0 cm,寬 15.0 cm。

【提要】納蘭成德,即納蘭性德,字容若,號愣伽山人,滿洲正黄旗人。康熙十五年(1676)進士,卒于康熙二十四年(1685),其室名號"通志堂"。成德係清初宰相明珠之子。此编收入各類經解一百四十種,原均爲罕見之鈔本,故一説此書爲徐乾學假借成德之名所编,另一説則記載爲成德受業于徐乾學門下,囑友人秦松齡、朱彝尊等購求宋、元諸家經解,得鈔本一百四十種,乃輯编而成。全書分:易、書、詩、春秋、三禮、孝經、論語、孟子、四書等九個篇目,故又稱爲通志堂九經解。中國古籍善本書目著録,并有詳目。

(附:通志堂經解詳目)

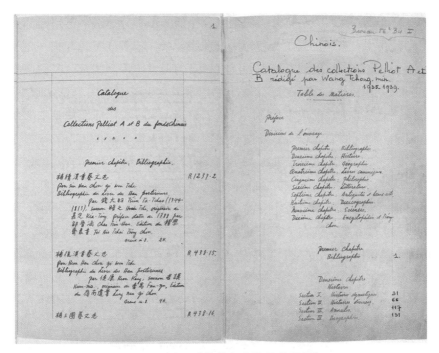

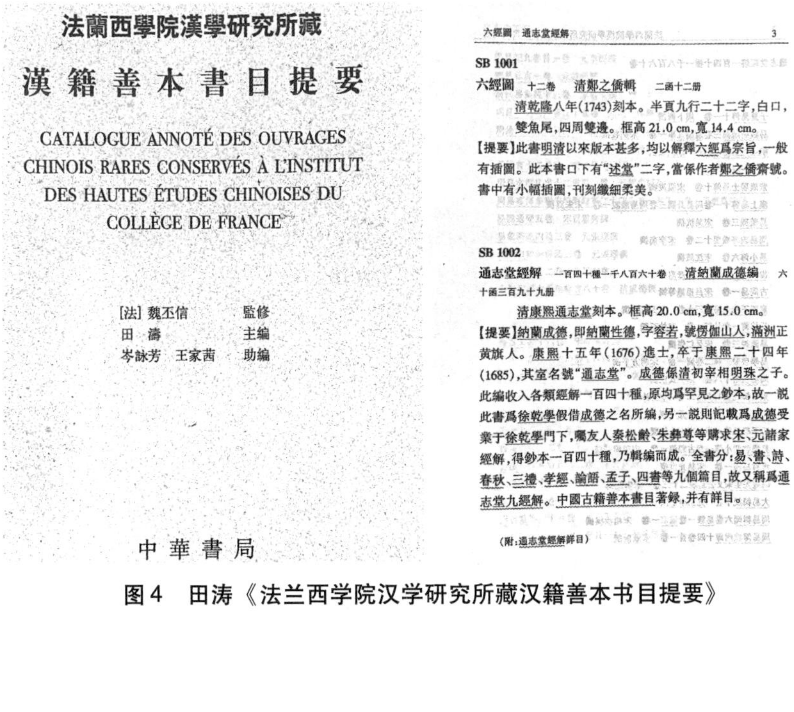

图4 田涛《法兰西学院汉学研究所藏汉籍善本书目提要》

应该说，从西方学科分类法到综合中西方图书分类法，再到四部分类法，以及依照书名或作者名的字母顺序著录，不予分类的方式，在一定程度上体现了法国图书馆编纂汉籍目录的探索历程。诚然，我们通过现有的法国图书馆所编汉籍目录能够把握中文古籍在法国的总体状况。但另一个不可忽略的现实是，法国图书馆至今尚没有一部能够完整体现馆藏汉籍状况的专业目录。即便是法国国家图书馆，在查阅除了敦煌文书、拓片以外的中文古籍时，需要综合利用《国家图书馆手稿部藏中国、朝鲜、日本书籍目录》和《伯希和 A 藏 B 藏目录》。而这两种目录并未涵括法国国家图书馆中文古籍的所有馆藏，至于中文图书 9081 号至 15934 号文献，仅有手写卡片书名目录及著者目录，供读者使用。[7] 再者，法国图书馆也还没有形成一套相对规范的中文古籍目录编纂体例。而值得期许的是，法国国家图书馆、法兰西学院汉学研究所图书馆、亚洲学会图书馆和里昂市立图书馆，已经与中国学者以合作的方式开始为其馆藏中文古籍编纂目录。近来出版的《美国耶鲁大学图书馆中文古籍目录》（2019 年）[8]、《英国剑桥李约瑟研究所东亚科学史图书馆藏汉籍善本图目》（2020 年）[9]，对法藏中文古籍目录的编纂而言，也颇具启示性。

2 《美国耶鲁大学图书馆中文古籍目录》与《英国剑桥李约瑟研究所东亚科学史图书馆藏汉籍善本图录》

就 2019 年、2020 年这两年来说，最新出版的国外的图书馆中文古籍目录当中，有两本应该说是比较具有启示性的。第一种就是《美国耶鲁大学图书馆中文古籍目录》。

《美国耶鲁大学图书馆中文古籍目录》由耶鲁大学图书馆中文部主任孟振华主编，分为上下二卷（二册），卷上（上册）为图录，收录 204 部古籍的彩色书影，分为经部、史部、子部、集部、类丛部，共五大类；卷下（下册）为目录，收录了 2500 多种、31000 多册 1912 年以前印行的馆藏中文古籍。

著录内容包括书名、卷数、索书号、编著者、版本、册数、所属丛书、版式（版框尺寸、行款字数、书口、边栏、鱼尾、版心、眉栏等）、附注（内外封页、牌记、题记、钤印、刻工、避讳、藏书票、存缺卷）等。值得注意的是，编者根据藏书票等附注信息说明书籍的具体来源，诸如由谁人捐赠、为何人旧藏、何时归入馆藏等。这不仅向读者提供了书籍的明确身份，还介绍了古籍收藏到耶鲁大学图书馆的背后的故事。[10]

具体分类上，依据《全国古籍普查登记手册》中的《汉文古籍分类表》分类排序，分为经部、史部、子部、集部、类丛部、新学部，各部下再分类、属。详目如下：

（1）经部 16 类：丛编，易类（传说之属、文字音义之属），书类（传说之属、分篇之属），诗类，周礼类，礼记类，三礼总义类（图说之属、通礼杂礼之属、目录之属），春秋左传类，春秋公羊传类，春秋穀梁传类，春秋总义类，孝经类（传说之属、文字音义之属），四书类（大学之属、论语之属、总义之属），群经总义类（石经之属、传说之属、图说之属、文字音义之属），小学类（文字之属、音韵之属、训诂之属），谶纬类。

（2）史部 16 类：丛编，记传类（正史之属、别史之属），编年类（通代之属、断代之属），纪事本末类（断代之属），杂史类（通代之属、断代之属），载记类、史表类、史抄类、史评类（史论之属、考订之属），传记类（总传之属、别传之属、日记之属、科举录之属），政书类（通制之属、仪制之属、邦记之属、邦交之属、军政之属、律令之属、掌故琐记之属、公牍档册之属），职官类（官制之属、官箴之属），诏令奏议类（诏令之属、奏议之属、时令类），地理类（总志之属），金石类，目录类。

（3）子部 14 类：丛编，儒家类，道家类，兵家类，法家类，农学农家类，医家类，杂家类，杂著类，天文历算类，术数类，艺术类，工艺类，宗教类。

（4）集部 8 类：楚辞类，别集类，总集类，诗文评类，词类，曲类，戏剧类，小说类。

（5）类丛部 2 类：类书类（通类之属、专类之属），丛书类。

（6）新学类 19 类：史志（诸国史、别国史），政治法律（政治、法律、学校），交涉（交涉、公法），兵制，农政，矿学，工艺，商学，格致总，算学，重学，化学，天学，地学，全体学，医学，图学，理学，议论。

目录后有附录：一为特藏文献，包括馆藏 1912 年以前刊印的报纸期刊、碑帖拓本、摄像簿、舆图、马六甲和新加坡刊印的基督新教中文古籍共计 325 种；二为美国东方学会图书馆藏中文古籍。最后为书名笔画索引、著者笔画索引，包含丛书子目书名和著者。

耶鲁大学的中文古籍并未集中存放，而是分藏在耶鲁大学多处图书馆内，包括斯特林纪念图书馆、图书馆远程书库、班内基与手稿图书馆、手稿与档案馆、神学院图书馆、医学史图书馆，以及美国东方学会图书馆。这样的图书馆分散制度其实反映了耶鲁大学按照学科研究分类汉学的思考方式。[10]

另外一本目录是由复旦大学陈正宏教授主编完成的《英国剑桥李约瑟研究所东亚科学史图书馆藏汉籍善本图目》。

英国剑桥李约瑟研究所附属的东亚科学史图书馆所藏汉籍丰富，又以中国科学史研究专家李约瑟（Joseph Needham，1900—1995）的旧藏为特色。这部分汉籍大部分是李氏从中国搜购而来，少部分源自友人赠送，内容主要涉及中国古代科学、技术和医学。陈正宏教授从大约 700 种汉籍中择选出 100 种善本，编成《英国剑桥李约瑟研究所东亚科学史图书馆藏汉籍善本图目》。

《英国剑桥李约瑟研究所东亚科学史图书馆藏汉籍善本图目》采取图文结合、中英文对照的方式，每种善本书目依次著录书名卷数、著者、版本、函册数、行款版式、开本与正文首页版框尺寸、藏书印，间有注释。附录"李约瑟博士藏书印"。后有中文书名、著者的笔画索引、四角号码索引、拼音索引、英文书名、著者索引。

值得注意的是，由于甄选出的善本中，子部书最多，经部书和史部书相对较少，又没有纯粹的集部书，所以分为"经史"和"子丛"二大部。卷一为"经史之部",下分经类、史类;卷二、三为"子丛之部"①,下分儒兵农家类、医学类、道释类附耶教、术谱类、杂家类、类书丛书类。概言之,该图目在分类上,是"基于四部分类法而加以变通"。

不管是从分类上来说,还是从整个善本书籍的选择上来讲,应该说编者首先是基于东亚科学史图书馆所藏汉籍的现实状况,再进一步"量身定制"。在择选善本时,衡量的标准较之《中国古籍善本书目》略宽,不仅包括清乾隆六十年(1795)以前写印的古籍和乾隆朝以后写印的稀见版本,还包括一部分原属普通古籍,但经李约瑟亲笔批注或夹签的本子,以及少量近世名家的收藏本[9],这部分普通古籍也就由此"提善"。

此外,编者莫弗特(John P. C. Moffett)将图目中所有的中文条目和注释、图示等节译为英文,书名又分作注音和意译两种形式。如此中英文对照的方式,便于英文读者阅读和使用,进而扩展了图目的应用范围,对于推广汉籍,特别是汉籍的版本特征也别具意义。

3 对法藏中文古籍目录编纂的启示

《美国耶鲁大学图书馆中文古籍目录》和《英国剑桥李约瑟研究所东亚科学史图书馆藏汉籍善本图目》可以称为近年来域外汉籍目录的最新成果,在某种程度上也代表了当前和未来域外汉籍编目的趋向。自然,这两种目录的编纂体例对于法藏汉籍目录的编纂亦具有启示性。

第一是关于汉籍的收录范围。笔者在进行法藏汉籍调查时发现,法藏汉籍中保存有部分20世纪二三十年代广东、香港地区书坊刊印的木鱼书、南音等唱本。这些文本极具地方特色,是岭南地区历史、文化、民俗的缩影,刊印方式较为特别,流存的数量并不多。比如机器板印本和泥印本,这是在我们通常看到的经史类文献当中非常少见的形式。因此,法藏汉籍的收录范围当包括1949年以前的抄本、刻本、石印本、

---

① 子丛之部分为上下:卷二为上,分儒兵农家类、医学类、道释类附耶教;卷三为下,分术谱类、杂家类、类书丛书类。

铅印本、机器板印本、泥印本。

另外，就汉籍刊印的地域而言，《美国耶鲁大学图书馆中文古籍目录》包含有325种马六甲和新加坡刊印的基督新教中文古籍，《英国剑桥李约瑟研究所东亚科学史图书馆藏汉籍善本图目》则包括少数日本、朝鲜半岛写印的汉籍，而法藏汉籍中也有诸如此类的情况。故而，除了收录从中国流播至法国的汉籍以外，还需关注和刻本，朝鲜抄、刻本，安南抄、刻本等以汉字为载体的文献。或者说，凡是以汉字作为载体的文献，在编目时都应当收录。当然，汉字与其他民族文字同时存在的合璧本也在收录范围内。

第二是关于分类方法。近年来，学者在编纂域外汉籍目录时主要依据我国传统的经、史、子、集、丛五部分类法，再根据实际馆藏稍加调整。《美国耶鲁大学图书馆中文古籍目录》依照《汉文古籍分类表》分类排序，在经、史、子、集、类丛五部之外，增添新学部。笔者在访查法兰西学院汉学研究所图书馆和里昂市立图书馆所藏汉籍时，获见多种清代刊印的新学类图书。是以针对这两所图书馆汉籍的目录分类，或可借鉴"六部分类法"。

除此之外，里昂市立图书馆中文部的馆藏相当一部分源自汉学家的捐赠。该馆亦采取专书专藏的方式，尽可能将每位汉学家的旧藏独立放置，并冠以汉学家的名字，称之为"Fond de ××"。笔者以为，在编纂里昂市立图书馆中文部所藏汉籍目录时，当以汉学家特藏为单位。最后附加索引。如此一来，既能保持汉学家私人藏书的独立性，有利于学界从藏书角度了解汉学家其人其学，又可以保证整个馆藏汉籍的完整性，即该图书馆汉籍藏书的整体状况。

第三是关于善本的界定。以往学界多以乾隆六十年作为限定古籍善本的时间界限。然而，随着学术的推进，清代道咸年间刊印的古籍，品相精美，流传者稀少，实属"物以稀为贵"的善本。黄永年先生早先亦提出了"校勘性善本"与"文物性善本"这一组概念。显然，善本在时间界定上并不固定。

《英国剑桥李约瑟研究所东亚科学史图书馆藏汉籍善本图目》所择选的善本中包括一部分经李约瑟亲笔批注或夹签的普通古籍和少量近代

名家的收藏本，其善本的涵盖范围进一步扩大。质言之，这一类普通古籍之所以能够"提善"，是基于学者、名家给予文献的附加意义。

据此，诸如亚洲学会图书馆所藏汉籍中，保存有不少法国汉学家，如沙畹、马伯乐、戴密微等亲笔批注者，或出自中国学者赠送。这一部分收藏应该说和李约瑟的藏书是比较相近的。同样的状况其实也出现在了法兰西学院汉学研究所和里昂市立图书馆当中。是以在甄选汉籍善本时，这部分本子也将在考量范围之内。

综上所述，是为笔者对于目前正在进行的法藏汉籍目录编纂的一些思考，尚不算非常成熟，敬请方家指正。

参考文献

[1] 刘蕊. 法国所藏中国俗文学文献编目与研究：回顾与展望［J］. 图书馆论坛，2018（5）：111，112-118.

[2] COURANT M. Bibliothèque Nationale Département des Manuscrits. Catalogue des Livres Chinois, Coréens, Japonais, ETC［M］. Paris：Ernest Leroux, Éditeor. 1902-1912.

[3] PELLIOT P. Répertoire de « Collections Pelliot A » et « B » du Fonds Chinois de la Bibliothèque Nationale［M］. E. J. Brill, Leide, 1913.

[4] Inventaire du Fonds Chinois de la Bibliothèque de l'École Française d'Extrême-Orient［M］. Hanoi, Imprimerie d'Extrême-Orient. 1929-1937.

[5] BOULLY J L. Ouvrages en Langue Chinois de l'Institut Franco-Chinois de Lyon, 1921-1946［M］. Imprimé en France, 1995.

[6] 田涛. 法兰西学院汉学研究所藏汉籍善本书目提要［M］. 北京：中华书局，2002.

[7] 罗栖霞. 法国国家图书馆：汉学图书的跨文化典藏［M］. 北京：中国大百科全书出版社，2019：16.

[8] 孟振华. 美国耶鲁大学图书馆中文古籍目录［M］. 北京：中华书局，2019.

[9] 莫弗特，陈正宏. 英国剑桥李约瑟研究所东亚科学史图书馆藏汉籍善本图目［M］. 上海：中西书局，2020：100.

[10] 孙康宜. 一部值得久等的古籍目录//孟振华. 美国耶鲁大学图书馆中文古籍目录［M］. 北京：中华书局，2019：15-16，18.

四、文献遗产保护

环境温湿度对文献耐久性的影响①

闫智培

国家图书馆，北京，100081

摘　要：报告首先说明文献常用材料，通过化学原理分析各种文献老化现象及影响老化速率的主要环境因素。然后详细论述温度和湿度及其波动对文献耐久性的影响及其机理。最后提出文献保存的两点温湿度调控原则：不同类型文献适宜的保存温湿度环境差异大，需独立保存；不同地区应基于当地的气候特征和文献类型，因地制宜、因时制宜地确定保存环境温湿度。

关键词：环境温湿度；文献耐久性；文献保存；馆藏建筑改良

本次报告主要讲环境温度和湿度对文献耐久性的影响、环境温湿度的调控原则以及未来文献保存机构就文献保存环境控制研究的展望。

1　前　言

1.1　文献常用材料

晋代（266—420 年）以来，纸已经取代了竹木简牍，成为文献资料的重要载体。随着时间的延续，我国已经保存了大量具有极高文物、学术和艺术价值的纸质文献。但是，部分纸质文献经过长期的使用和保存，纸张已经泛黄、发脆甚至粉化，面临着损毁甚至消亡的威胁。

自从 19 世纪 40 年代成像技术发明以来，由于形象、客观、便利等

---

① 本文由陈秋君据国家图书馆文化部古籍保护科技重点实验室副研究员闫智培于 2020 年 9 月 19 日在中山大学资讯管理学院 40 周年院庆学术活动之学术前沿一席谈Ⅳ——"科技与传承：新时代古籍保护学科的使命"上的主旨报告整理。

优势，照片和胶片成为重要的记录和图示材料。发展至今，已经有大量记录了重要历史瞬间的照片和胶片成为珍贵文物。目前，很多图书馆、博物馆和档案馆中都收藏着众多历史照片和胶片。但是，随着时间的推移，有些照片和胶片开始出现褪色、变色等老化现象，一些缩微胶片也开始出现酸化、粘连、影像变色等病害现象。

那么，怎样才能延长文献的寿命呢？改善保存环境。要改善文献的保存环境，首先要知道什么样的保存环境才是最理想的保存环境；谈到最理想的保存环境，又要知道要保护的是什么，文献究竟是由什么材料构成。

通常，纸质书籍、字画是由纸加上墨、印刷油墨或者颜料构成，纸的主要成分是纤维素；照片是由纸基加上乳剂层、影像层构成；胶片是由基材加乳剂层及影像层构成，基材的主要成分通常是醋酸纤维素或者聚酯。纤维素、醋酸纤维素和聚酯这些材料都是高分子聚合物。

1.2 常见问题

常见的文献老化现象包括碎片化、易撕、易破、泛黄和字迹褪色、影像变色褪色等，本质都是文献的构成材料发生老化反应。常见的文献老化反应，主要包括纤维素等聚合物的光降解反应、酸水解反应和氧化降解反应；此外，还有字迹和影像材料的氧化还原反应。影响上述文献老化反应的主要环境因素有光照、酸性物质、氧化性物质、温度和相对湿度，其中：①光照对于聚合物的光降解反应和字迹、影像材料的氧化还原反应、光氧化还原反应都有决定性的影响；②酸性物质对于聚合物的酸水解反应有明显加速作用；③氧化性物质既影响聚合物的氧化降解反应，又对字迹、影像的氧化还原反应具有重要影响。

因此，光照、酸性物质和氧化性物质是我们文献保存环境中需要尽可能避免接触的物质，我们这次的报告中不深入讨论这三个因素。而温度和相对湿度既是文献保存环境中不可剥离的因素，同时又对文献的老化反应速率具有非常重要的影响，因此，本报告重点论述环境温湿度对文献耐久性的影响。

2 温度的影响

2.1 温度对文献构成材料老化反应速率的影响

首先我们来看温度对于文献耐久性的影响。从图1可以看出，随着温度的上升，纤维素的降解速率呈指数型增长。实际上，不光是纸，胶片等有机材料温度每升高5 ℃时老化降解反应速率几乎翻番。

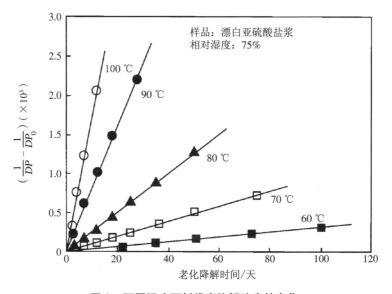

图1　不同温度下纤维素降解速率的变化

除了影响聚合物的老化降解反应速率之外，温度对彩色照片/胶片中的染料降解反应速率影响也很大。只要空气的相对湿度（RH）不长期超过65%～70%，保存温度对多数彩色影像的影响比相对湿度要明显得多。一般来说温度每增加5.6 ℃，彩色照片的褪色速率就要翻番。除此之外，一些材料还会直接受到高温的影响。彩色胶片、硝酸胶片和醋酸胶片如果在一个相对湿度50%的环境中，只要温度超过7 ℃，就会加速塑化剂渗出，胶片就会变得容易发黏。

2.2 低温对文献的影响

讲了这么多高温的危害,那么保存环境的温度是越低越好吗?低温有没有不利影响呢?一般来说,温度越低,文献的老化反应速率越慢,能够延缓文献老化。但是当温度低到一定程度以后,尤其是低于零度之后,文献的含水量会变低,这时文献会变得发脆,如果移动或者使用就容易发生撕裂等物理损伤。另外,在低温下保存的文献,如果在温度恢复之后,它的物理强度还能恢复吗?

我们研究发现,低温对于中碱性纸和酸性纸的物理强度均无明显劣化作用(图2、图3),也就是说低温保存的文献经过环境适应恢复至正常保存温湿度,当时还能恢复其物理强度。但是,我们在进行了人工加速老化实验之后发现,经过冷冻处理的酸性纸的抗张强度和撕裂度与未冷冻处理对照样相比有所下降。也就是说,零下的低温对于中碱性纸和酸性纸短时间内的强度没有明显的劣化影响;但是对于酸性纸,由于它本身的物理强度较差,冷冻处理还是有一些劣化影响。所以,对于本身比较脆弱的文献,要慎重选择零下的保存温度。

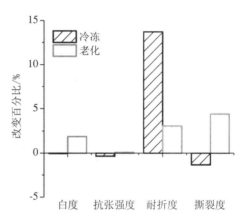

图 2　−20 ℃对中碱性纸的影响

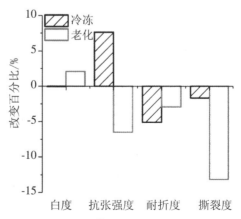

图 3　−20 ℃对酸性纸的影响

2.3 温度波动对文献的影响

除了高温和低温的影响之外，温度波动对于文献耐久性也有很明显的影响。这是因为温度的变化会引起空气相对湿度的变化。从图4可以看出，温度越高，空气的容水能力越大（左图）。所以在相同的绝对空气水含量下，温度越高，空气的相对湿度就会越低（右图）。如在21℃时，相对湿度为59%的空气，如果直接升温到27℃，它的相对湿度会降低到42%；如果降温到13℃，它的相对湿度就达到了100%，也就是达到了露点温度，将出现结露风险。通常，温度降低1℃将会带来大约3%的相对湿度增长。

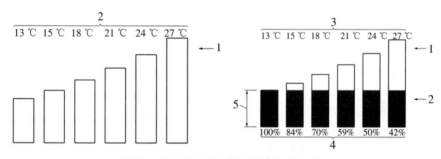

图4　不同温度下空气的最大容水能力

对于文献保存来说，常见的文献温度波动有两种类型：一种是文献在不同温度的环境间移动，如冷文献移入温暖环境、温暖文献移入冷环境；另一种是外界气候变化或者温湿度调控系统控制不良引起的库房温度变化，如突然大幅降温或突然大幅升温。这些变化都会引起相对湿度变化。具体来说，将在冷环境中保存的文献突然移入温暖的环境，或者库房的温度突然大幅降温，这两种温度变化都涉及原本温度较高、含水量相对较高的空气，突然接触到了冷的文献表面或者突然整体大幅降温，如果温差达到了露点，空气中的水汽就会在文献表面结露，文献表面快速吸收凝结的露水，就有可能引起文献变形。很多时候温度波动所引起的相对湿度改变造成的危害比温度变化本身更大。

3 湿度的影响

3.1 相对湿度对文献材料老化反应速率的影响

接下来我们来看一下相对湿度对于文献耐久性的影响。从图 5 中可以看出，纤维素的老化降解反应速率随着相对湿度增加也呈指数上升。除了聚合物之外，黑白银盐影像的氧化还原反应和彩色颜料的褪色反应速率都会随着相对湿度的增加而变快。

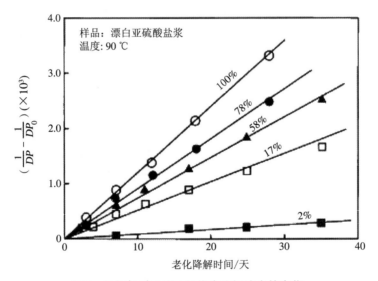

图 5　不同相对湿度下纤维素降解速率的变化

3.1.1 高相对湿度对文献的影响

除了影响文献的老化反应速率外，高相对湿度还有很多危害。高湿环境有利于霉菌生长，文献一旦长霉就会出现字迹或者影像模糊现象，严重时还会出现文献生物降解。对于照片和胶片来说，由于其中的明胶吸水能力较强，吸水之后就会膨胀。明胶膨胀之后，不但照片/胶片的感光层机械强度下降，而且分散在感光层内的银粒子间的相对距离会改变，从而使影像变得模糊。当明胶吸水膨胀到一定程度，感光层就会起皱。另外，明胶吸水之后，其黏性也会增加，这样就容易发生照片/胶片的粘连问题。更严重的是明胶的玻璃化转化温度也受相对湿度的影响，相对湿度越高，该转化温度越低。干燥明胶的玻璃化转化温度高于200 ℃，但是一旦相对湿度达到了65%，该转化温度就会降低到30 ℃；当相对湿度进一步升高到70%～75%的时候，该转化温度更是降低至22 ℃——这是常见的库房保存温度。这时就非常危险，一旦保存温度高于明胶的玻璃化转化温度，明胶就会变得高度渗透。这时明胶对于影像材料的保护作用几乎消失。化学试剂可以快速通过明胶接触到影像材料，而霉菌也可以快速渗透进影像层。如果长期保存在低于明胶玻璃化转化温度的环境中，照片/胶片将会发生严重的霉菌危害和影像材料的氧化还原反应（银镜反应）。此外，明胶处于凝胶状态时，银颗粒也更容易移位，从而发生影像模糊问题。可以说明胶高湿度下的低玻璃化转化温度是高湿度对照片、胶片危害大的根本原因。所以说照片和胶片一定不可以在高湿度环境中保存。

3.1.2　低相对湿度对文献的影响

虽然高相对湿度有很多危害，但是过低的相对湿度也不是很合适。在相对湿度过低的环境中，文献会失水、变脆。文献发脆时物理强度变差，容易发生撕裂、断裂等物理损伤。但是，这种发脆通常为临时性的，当湿度恢复后，文献的物理强度还能恢复。因此，环境湿度过低时，要避免直接移动、使用文献，减少物理损伤。经过充分的环境适应，恢复文献的韧性后再行处理。此外，胶卷、胶片在低相对湿度环境中易产生静电，吸附环境中的灰尘颗粒，造成文献磨损；但该危害可通过在处理和印刷时放电加以避免。

3.2　相对湿度波动对文献的影响

除了高湿和低湿的影响之外，相对湿度波动对于文献的耐久性影响也很明显。书籍、照片、胶片都是吸湿材料，当湿度高时它们吸收水蒸气，当湿度低时失水。所以，当低含水量的文献突然进入高湿环境，文献周边的部位就会快速吸湿伸长,而文献的中央部位,由于接触到的湿润空气相对较少而且尺寸变化约束更多,所以尺寸变化没那么明显。这时文献就会出现俗称"荷叶边"或者"波浪边"的变形。当高含水量的文献突然进入低湿环境,它周边部位快速失水,而中央部位的尺寸变化不大,文献又会出现"紧边"的变形。湿度波动对照片/胶片等非均一的多层材料影响更严重,因为不同的材料在湿度改变时膨胀率、收缩率不同,相对湿度波动可能使这些材料出现卷边、翘曲、分层、剥落等问题。除此之外,很多相关研究者对环境频繁的温湿度变化进行了研究,发现在频繁波动的温湿度环境中,文献发生的蠕变变形比长期处于不合适但稳定的湿度环境中更大。因此,我们既要控制文献保存环境湿度的绝对值,更要控制其稳定性。

4 调控原则

4.1 不同类型文献独立保存

国内外的相关人员都非常重视文献保存环境的温湿度范围,也提出了很多的相关标准。表1是常用的不同类型文献的保存温湿度范围。

表1 不同文献长久保存推荐温湿度范围

文献类型	温度/℃	温度日较差/℃	相对湿度/%	相对湿度日较差/%
书籍长久保存	2~18	±1	30~45	±3
书籍使用	14~18	±1	35~50	±3
黑白银盐聚酯胶片	≤21	±2	20~50	±5
黑白银盐照片	≤18	±2	30~50	±5
黑白银盐醋酸纤维素胶片	≤5	±2	20~40	±5
彩色醋酸纤维素胶片	≤-3	±2	20~40	±5
彩色照片	≤2	±2	30~40	±5

从表 1 可以看出，稳定性文献如书籍、黑白银盐聚酯胶片和黑白银盐照片，可以在接近室温的环境中保存；非稳定性文献如黑白银盐醋酸纤维素胶片、彩色醋酸纤维素胶片和彩色照片，则需要在严苛的温湿度环境中保存。这是因为纸和聚酯比较稳定，在凉爽的环境中就能够达到几百年预期寿命；黑白银盐影像也比较稳定，在凉爽的环境中稍微控制湿度，也能够达到理想寿命；醋酸纤维素和彩色影像稳定性比较差，在 25℃ 的环境中其寿命通常只有几十年，因此要想达到较长寿命，就必须在严格的温湿度环境中保存。

从表 2 可以看出，加拿大国家档案馆和美国航空航天局都是在 -18 ℃ 和干燥的环境中保存重要的档案和照片、胶片；美国派拉蒙公司电影档案馆和华纳公司存储片库都是在低于 5 ℃ 和干燥的环境中保存彩色底片、中间片和影片；我国的北京电影资料馆北京库和西安库是在 5 ℃ 或者 10 ℃ 的环境中保存影片，现在北京电影资料馆西安库也具备了在零下保存影片的条件。现在图书馆中照片和胶片通常是在和书籍相同的条件下保存，这非常不利于延长照片和胶片的寿命。

表 2　国内外照片、胶片保存环境温湿度实例

文献保存库房	文献类型	温度/℃	湿度
加拿大国家档案馆	档案	-18	25%
美国航空航天局	照片和胶片	-18	30%
美国派拉蒙公司电影档案馆	彩色底片和中间片	4.4	25%
华纳公司存储片库	影片	1.7	25%
北京电影资料馆北京库	影片	10±1	35%±5%
北京电影资料馆西安库	安全影片	10±1	45%±5%
北京电影资料馆西安库	易燃影片	5±1	45%±5%
北京电影资料馆西安库	彩色影片	5±1	65%±5%

4.2　根据气候类型确定调控原则

理想的文献保存温湿度环境是忽略季节、忽略地域，全年一直处于稳定值。但是，如果我们所有的文献都不考虑地域和气候的影响，一味地追求理想值，那么一方面会造成能耗增加，收藏成本高；另一方面，环境温湿度控制的压力也非常大，一旦超出了温湿度控制系统的工作能力，就会出现温湿度不合适的现象。所以，对于温湿度要求没有那么严格的稳定性文献，应该考虑气候和地域的影响来制定保存环境的温湿度条件。

我国幅员辽阔，南北跨度大，气候类型多样，有热带季风气候、亚热带季风气候、温带季风气候、温带大陆性气候和青藏高原高寒气候五种主要类型。

4.2.1 热带/亚热带季风气候

首先来看热带和亚热带季风气候地区。海口是热带季风气候，广州是亚热带季风气候，图6是海口和广州2018年的平均温度和相对湿度变化情况。从图6中可以看出，海口和广州除了冬季的温度相对适宜之外，其余时段温度都偏高，湿度则是全年偏高。可以说热带和亚热带季风气候地区的温湿度调控，其主要任务就是降温除湿。降温除湿如果长期持续，一方面是能耗高，收藏成本高；另一方面正如前面所述，温湿度控制系统的工作压力非常大。因此，我们可以借鉴国外的经验。新加坡全年温度高达28～30℃，大部分时段相对湿度在60%～90%之间，有时还会达到100%。新加坡国家图书馆通过在建筑结构中设天井，加强通风，充分发挥自然除湿的作用，同时将库房的温湿度分别设置在23.5℃和55%这样一个相对比较高的值，达到了能耗、气候以及文献寿命之间的一个平衡。所以，我们的热带和亚热带季风气候地区的文献保存环境也应该从优化建筑结构、加强通风、充分发挥自然环境的除湿作用，以及适当调整温湿度设定值等方面着手来延长文献寿命。

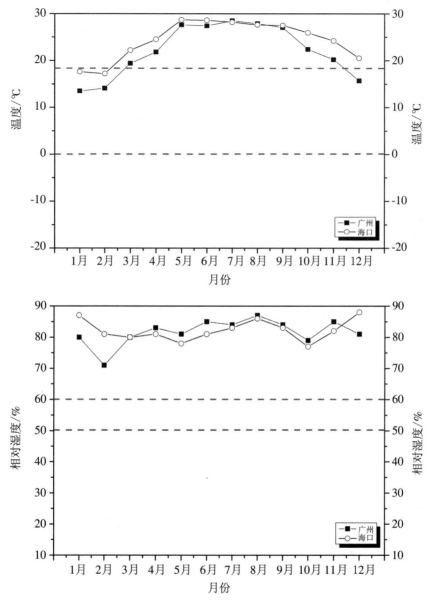

图 6　海口市和广州市 2018 年平均温度（℃）和相对湿度（%）

4.2.2 温带季风气候

北京是典型的温带季风气候,气候特点为夏季高温多雨,冬季寒冷干燥(图7)。这样,北京地区的文献保存环境温湿度调控就更复杂:夏季需要降温除湿,冬季需要适当升温。为了节约能源、减轻温湿度调节的压力、提高环境温湿度稳定性,温带季风气候的地区可以在夏季将库房的温湿度设置在相对较高值,而冬季设置在相对较低值;但是也需要注意,在不同季节过渡时,尽量减小温湿度波动。

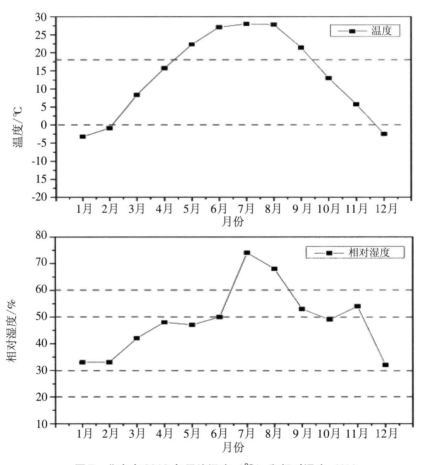

图7 北京市2018年平均温度(℃)和相对湿度(%)

4.2.3 温带大陆性气候

乌鲁木齐属于中温带大陆型干燥气候。从图 8 中可以看出，乌鲁木齐一年四季温湿度变化很大，但是和拉萨不同，乌鲁木齐的冬季是低温高湿。乌鲁木齐冬季的最低温度达到了零下十七八度，而这时相对湿度在 75% 左右，这就涉及前面提到的"温度越低，空气容水能力越小"的现象。乌鲁木齐冬季温度低，必然导致空气容水能力降低，空气的相对湿度升高。因此，乌鲁木齐的温湿度调控具有自身的特点：一方面，它可以通过升温改善空气的容水能力，使相对湿度相应下降；另一方

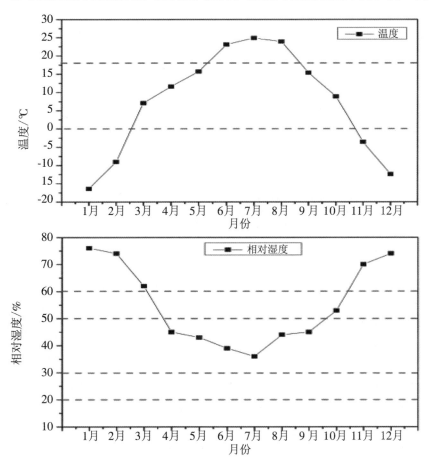

图 8　乌鲁木齐市 2018 年平均气温（℃）和相对湿度（%）

面，可以在库房内使用含有硅胶等干燥剂的干燥系统，来调节库房的局部温湿度环境。此外，该地区温度日较差、月较差均非常大，最好采用新型材料以维持温湿度稳定性，或者采用温湿度控制系统来维持文献保存的温湿度稳定性。

4.2.4 青藏高原高寒气候

拉萨是典型的青藏高原高寒气候。从图 9 中可以看出来，拉萨除了极短时间温度低于 0 ℃、湿度低于 20% 之外，绝大多数时间的温度和相对湿度都比较适合文献保存，可以说拉萨地区具备在自然环境中长久

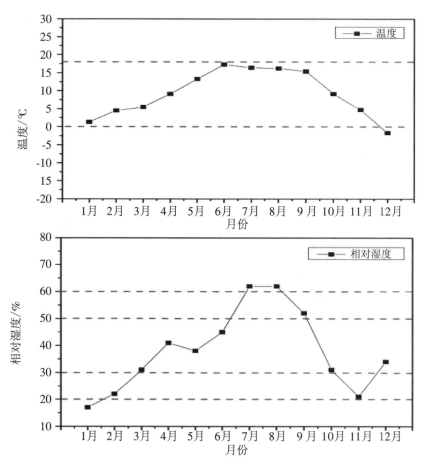

图 9　拉萨市 2018 年平均温度（℃）和相对湿度（%）

保存文件的自然条件。但是我们也要看到，拉萨虽然温度不是特别高，但是一年四季温湿度变化明显，如果我们直接在自然条件下进行文件长久保存，会存在温度和湿度季节波动过大的问题。因此，该气候类型地区应该在未来探索采用新型建筑结构和新型建筑材料，提高库房的温湿度稳定性，探索建设低能耗自然绿色文献保存环境的可能性。

5 总结与展望

5.1 总 结

总体而言，高温高湿的环境加速文献老化，必须降温除湿；低温低湿环境有利于延缓文献的老化反应速率，但是容易出现物理损伤，需要谨慎选择和操作；不同类型的文献适宜的保存温湿度差异大，需要独立保存；不同地区应基于当地的气候特点和文献类型，因地制宜、因时制宜地设定文献保存环境温湿度。

5.2 展 望

未来应该结合文献的类型、气候特征、节能要求来进行保存环境温湿度的精细化调控研究。应结合新型建筑结构和材料，探索研究如何充分发挥自然环境的作用，打造绿色节能文献保存环境。

古籍用纸信息备案库的构建与应用[①]

蔡梦玲

苏州大学社会学院,苏州,215123

摘 要：报告在对古籍载体材料的探索与研究不断深入与全面的背景下，明确了该备案库所包括的具体信息内容，并对古籍用纸信息备案库在三个方面的运用进行了阐述，说明该备案库可以为有关古籍的断代研究、古籍的修复与保护工作以及古法造纸工艺的复原与传承研究等提供客观的实物参考样本和数据。文章重点聚焦在古籍用纸备案库的应用方面，指出备案库信息越完整，备案库越有效。

关键词：古籍用纸；纸张信息备案库；古籍断代；传统工艺；古籍修复

1 古籍用纸信息备案库简介

1.1 背 景

传统的通过眼观、手摸、鼻闻、耳听等凭感官和经验的认识方法，一直是我们研究古籍载体材料的一个主要手段。除了仅仅对古籍载体材料宏观方面进行比较主观性的认识和观察以外，也会使用一些仪器或设备对古籍的载体材料进行检测与分析，但这往往局限于对其基本的物理性能、化学性能或光学性能的测试。例如，检测古籍所用纸张的厚度、白度、酸碱度等，以及运用有损检测的方法，对古籍原件使用的相类似的纸张进行耐折度、抗张强度、撕裂度、老化性能等方面的模拟测试。

[①] 本文由杜文婷据苏州大学蔡梦玲于 2020 年 9 月 19 日在中山大学资讯管理学院 40 周年院庆学术活动之学术前沿一席谈Ⅳ——"科技与传承：新时代古籍保护学科的使命"上的主旨报告整理。

进入21世纪之后，一系列的现代科学检测方法与技术，尤其是无损或微损检测新技术的出现和发展，推动了对古籍载体材料的探索从宏观层面向微观层面的转变，各种无损或微损检测技术被越来越广泛地运用于对古籍载体材料的研究之中。例如，运用光学显微镜或电子显微镜对古籍所用纸张进行纤维形态的观察和辨别，并对纤维长度、宽度和各种原料的配比等参数进行测量，以此来获得造纸原料种类方面的信息，或是利用X射线荧光光谱技术对古籍所用纸张中的无机填料或胶料进行检验，从而获得纸张中其他成分种类方面的信息。

随着对古籍用纸的探索研究从比较单一的层面拓宽到对纸张宏观、微观、性能、工艺等多层面的综合分析，对古籍用纸的宏观面貌、内在的结构与成分所具有的理化特性、光学性能等纸张特性的探索正不断地趋向于全面与深入，同时也使得对古籍所用纸张的检测分析被运用于与古籍研究相关的诸多方面。在此背景下，针对古籍所用的主要载体材料——纸张，建立相关的古籍用纸信息备案库，就显得非常有必要。

1.2 定 义

什么是古籍用纸信息备案库？它是指通过对形成古籍的纸张样本进行收集，在此基础上借助现代检测设备和仪器，通过对古籍所用纸张的宏观外貌、微观成分、物理化学特性、光学性能，以及相关的造纸工艺、纸张加工工艺等信息进行测试、采集与存储，以备后期为专业人员提供可参考、比对的样本和信息的集合。

1.3 意 义

建设备案库的主要意义在于备案库不仅可以通过展示各个时期古籍所用纸张的代表性样本来了解古代不同年代的古籍用纸情况，而且能够为古籍的断代、鉴辨研究与修复工作提供比较直接、客观的比对数据，为我国传统造纸工艺的复原和传承提供可参考的资料。

2 古籍用纸信息备案库的内容

要建立古籍用纸信息备案库，首先要明确该备案库中应包含的关于古籍所用纸张的主要信息内容。所以接下来将对备案库的主要内容作简要说明。

2.1 纸张样本

首先要对古籍所用纸张的样本及其基本信息进行记录。这部分是对形成古籍的纸样进行收集，并对这些纸样的来源及古籍的名称、形成年代、作者，还有它的纸名、纸产地等纸张信息做一记录。

2.2 宏观特征

对古籍所用纸张的宏观描述主要是针对古籍用纸的外观特征的记录，包括纸张的尺寸、层数、纤维分布情况、帘纹数量和间距等。

2.3 微观特征

对古籍用纸的微观描述主要是关于纸张的成分信息，包括对造纸原料的种类以及原料长度、宽度和各纤维配比情况的记录，还有其纤维图谱信息。此外，还需要对造纸过程中所添加的填料、胶料等种类及其检测图谱信息进行记录。对于染色纸来说，需要对染色材料进行检测得到的图谱和种类分析情况进行记录。

2.4 主要性能

关于古籍用纸的性能，包括纸张的物理、化学、光学性能等方面的信息，具体是指纸张的厚度、白度、酸碱度、含水量、结晶度、老化程度等方面的信息。

2.5 相关工艺

相关工艺的描述则是根据文献调研或实地调查形成的有关这类纸的传统造纸流程、所用的造纸工具、纸张的加工工具、加工工艺（如染色、加填、涂布、砑光等）的记录。

3 古籍用纸信息备案库的应用

从古籍用纸信息备案库中所记录的信息类型可以看出，备案库从不同的角度对形成古籍的纸样进行备案，并对古籍所用纸张的特性进行了综合分析与记录。利用备案库中的样本和信息，不仅可以从载体材料的角度挖掘古籍形成时的社会文化背景，还可以通过对古籍载体材料的追溯，发现其中的历史文化脉络，并形成一些规律性的认识，从而为有关古籍的断代或鉴辨、古籍的修复与保护，以及传统造纸工艺的复原与传承等相关研究和实际工作提供参考。例如，利用纸张的外观特征、主要性能等方面的测试结果和原料、成分方面的信息，能够辅助古籍保护修复工作的开展，以及真伪鉴定工作的进行；利用对造纸工艺、加工工艺等方面的记录，可以实现部分古纸的再造和复原研究。

接下来将对备案库在这三个方面的应用做具体的说明。

3.1 应用1：古籍的断代与鉴辨

由于不同时代或同一时代、不同地区所用纸张的造纸原料可能存在差别，且原料中的纤维种类、各纤维所占的比例、造纸时添加的其他成分等都可能因时而异、因地而异，因此，通过广泛收集在不同年代形成的古籍，对它们所用纸张的相关信息予以全方面的检测与记录，可以用来分析、归纳每个年代、各个地区所用纸张在种类和成分上的特点，从而辅助古籍鉴辨工作中对未纪年的古籍进行形成年代的判断。

对于古籍所用纸张种类的判断,能够用于辅助对古籍的断代研究,主要是因为在不同时期古籍所用纸张的主要原料存在比较明显的时代特征。如表1所示,汉晋时期的古籍所用古纸原料一般是麻料。由于麻类纤维比较粗,所以麻类纸张难以做得比较精细。那时的麻纸通常表面没有光泽,比较粗糙。唐代临摹的《兰亭序》和杜牧的《张好好诗》,以及敦煌出土的大批唐代经卷所用的都是麻纸。到隋唐年间,人们就开始用各种树皮进行造纸,如用楮树皮、檀树皮和桑树皮等。这类纸张一般外观比较精细,但纸张表面依然暗淡无光,比麻纸要稍亮一些,纸面上也微有一些纸毛。从北宋开始出现大量的树皮造纸工艺,同时出现大规模的竹料造纸,竹料纸通常表面比较光亮,没有纸毛。到19世纪中期以后,机器造纸厂在我国相继建设。到19世纪末,以木浆、草浆为主要原料的机制纸在我国得到了迅速发展。

表1 不同时期古籍用纸的原料有其明显的时代特征

朝代	麻	皮	藤	竹	草浆	木浆
汉晋南北朝	垄断地位	楮皮纸源于魏晋	源于晋代			
隋唐五代	主导地位	楮皮纸为国公纸	中唐时大量制作	源于唐代中叶		
宋元	衰落	主导地位	少量生产	开始大规模使用	宋代开始使用	
明清	几乎消失	宣纸为主	几乎消失	继续发展	有所发展	清末开始出现
民国及以后	几乎不再生产	使用较多	不再生产	使用较多	使用较多	使用较多

从表2可以看出,这些主要造纸原料在我国的使用具有一定的时代特性,这种特征可以用来辅助判断古籍的形成时间。对古籍所用纸张原料的判断,可以使用普通的光学显微镜、电子显微镜或偏光显微镜等设备来对纸张的纤维进行观察和特征的分辨。

表2 结合各纤维的形态特征和它们用于造纸的年代来进行断代

纤维种类	特　　征	年　　代
竹	染色成蓝紫色或黄色，少弯曲，有粗大的导管，明显的节状加厚	唐代以后
草	纤维细短，杂细胞多，有较长的导管，有锯齿细胞	唐宋以后
针叶木	纤维上有交叉场纹孔，无导管	19世纪中期以后
阔叶木	导管有舌状尾，导管壁上有具缘纹孔	19世纪中期以后

注：麻料（汉代）和树皮纤维（南北朝）使用时间较长，不宜作为断代依据。

我们实验室使用XWY造纸纤维分析仪在10倍的物镜下所观察到的经Herzberg染色剂染色后的麻类纤维图如图3所示。用于造纸的麻类纤维主要有大麻、苎麻、亚麻等。麻类的纤维普遍比较长，纤维壁上有明显的横截纹，打浆后易分丝帚化。大麻和苎麻纤维上还有若干纵向条纹，从而导致纤维经打浆后会发生分丝纵裂，即纤维从中间分裂开来。

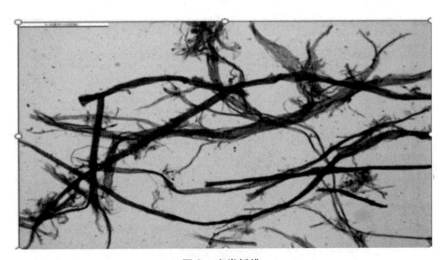

图3　麻类纤维

10倍物镜下观察到的构皮纤维如图4所示。常用于造纸的韧皮类纤维除了构皮外，还有檀皮、桑皮等。韧皮类纤维的突出特点就是纤维比较细长，部分种类尤其是构皮纤维，它的纤维壁上可以观察到非常明显的透明胶衣。

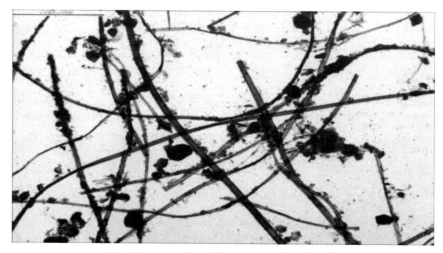

图 4　构皮纤维

10 倍物镜下的竹纤维如图 5 所示。竹浆中一般含有大量的薄壁细胞和石细胞，还有粗大的导管。竹纤维的纤维壁比较厚，内腔比较小，所以纤维相对来说比较僵直。

图 5　竹纤维及导管

除了针叶木以外，另一种常用于造纸的是阔叶木。它的突出特点是木浆中存在导管分子，且导管有非常明显的舌状尾部。因为在我们现有的纸张纤维检测图谱中没有找到比较合适的阔叶木浆导管的图片，所以这里借用王菊华老师所著《中国造纸原料纤维特性及显微图谱》书中，15倍物镜下杨树木浆中的导管图片（图6），可以看到导管分子结构的尾部有非常突出的一个舌状部分。

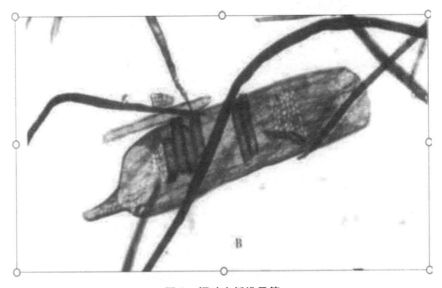

图6　阔叶木纤维导管

资料来源：王菊华：《中国造纸原料纤维特性及显微图谱》，中国轻工业出版社1999年版，第81页。

宣纸的纸浆如图7所示。其中，较长的是檀皮纤维；稻草纤维一般比较细短，突出的特点是具有锯齿状的表皮细胞，且它的导管一般较长。

根据上述各种纤维的特征和之前对它们用于造纸的年代分析，可以发现麻类和树皮类的纤维由于很早就用于造纸，所以很少用来作为古籍断代的依据；但是，基于对竹浆、草浆、木浆这类纤维种类的判断，可以根据它们用于造纸的年代及其形态特征，来推断古籍形成年代的上限。

图 7　宣纸中的青檀皮和稻草纤维

3.2　应用 2：古籍的修复与保护

古籍用纸信息备案库还可以用于对古籍的修复保护。根据修复工作中的修旧如旧原则和选择修复材料时的相似性原则，在开展修复和保护工作之前，要先对古籍所用纸张的外观、种类、性能特征，如纸张的帘纹信息、造纸原料的种类、厚度、白度或色度、pH、含水量等进行检测，并尽量选择厚度略薄、颜色略淡、种类比较相近的纸张作修复用纸，以便保持古籍在修复前后外观上的一致性，避免使用不恰当的配纸给古籍带来二次损坏。

另外，在考古学领域，对于一份刚出土的纸质文物，通常会采用一些仪器设备对文献所用纸张的纤维结构、填料成分、胶料成分、加工工艺等进行检测与分析，以此来研究这些纸质文物的保存现状、其原料成分、制作工艺及病害等信息，并根据检测分析的结果，来制定适宜的保护修复方案或采取预防性的防护措施。可见，古籍用纸信息备案库在古籍修复与保护中的应用主要体现在以下两个方面：一方面，古籍用纸信息备案库所收集的纸张样本，以及关于纸张的厚度、色度（白度）、帘纹、造纸原料等宏观、微观和性能特征方面的信息，可以成为选择古籍修复用纸的一个重要依据；另一方面，古籍所用纸张的纤维结构、填料和胶料等方面的成分、加工工艺等信息，可以为制定适宜的古籍保护与修复方案提供科学的依据。

3.3 应用3：传统造纸工艺的传承

从非物质文化遗产保护的角度来看，古籍用纸信息备案库的建立有利于对我国传统造纸工艺的传承保护。以我国唐代出现的硬黄纸为例，它是一种经二次加工的有色纸，具有色黄、光亮、半透明、防蛀、抗水、可长久保存等特点。从唐代后期开始，硬黄纸的使用明显减少，如今已经不再生产。现存的以硬黄纸为载体材料的古籍也屈指可数。金玉红老师和李晓岑老师通过文献调研发现，现有古籍所用的硬黄纸，起初是麻纸，后来多是用楮皮纸或桑皮纸，所使用的染料是黄檗，所用的蜡是动物黄蜡或虫蜡，加工工艺是先用黄檗染色后再进行施蜡处理。结合实际情况，他们开展实验研究，选择以黄檗为染料，使用云南傣族造的构皮纸，分别用黄蜡和虫蜡模拟制造出了硬黄纸。

除了利用文献研究的方法以外，还可以通过对现有的以硬黄纸为载体材料的古籍所用纸张进行无损检测与分析，并将这些信息存储到古籍用纸信息备案库中。备案库中有关于纸张的厚度、帘纹、纤维分布、造纸原料、填料或胶料的成分、染色材料、制作工艺、加工工艺等方面的信息，可以为再造硬黄纸提供直接的实物参考样本和相关数据。

4 总 结

首先，古籍用纸信息备案库是在对古籍载体材料的探索与研究不断深入与全面的背景下，通过对形成古籍的纸张样本进行收集，并利用现代检测设备与仪器对纸张各方面的信息进行测试、分析与存储，在此基础上形成的为后期进行可参考和比对的样本和信息的集合。然后，通过对古籍用纸信息备案库所包括的形成古籍的纸张样本及基本信息，古籍所用纸张的宏观特征、微观特征、主要性能、造纸工艺等进行详细说明，进一步明确了该备案库所包括的具体信息内容。最后对古籍用纸信息备案库在三个方面的运用进行了阐述，说明该备案库可以为古籍的断代研究、古籍的修复与保护工作以及古法造纸工艺的复原与传承研究等提供客观的实物参考样本和数据。

值得注意的是，古籍用纸信息备案库在以上三个方面的有效运用，有赖于备案库中信息的完整与准确。只有当备案库中所存储的古籍用纸信息足够多，可参考和可进行比对的量才会越大，备案库在运用中的有效性也才会越高。

含铝纸质文献降解机理研究及防护建议[①]

何 贝 任俊莉[②] 张春辉 刘传富 樊慧明

华南理工大学古籍保护与利用研究中心、

广州市岭南文献保护研究中心、

华南理工大学制浆造纸工程国家重点实验室,广州,510640

摘 要：本文主要介绍含铝纸质文献降解机理研究及其防护策略。从传统与现代制浆造纸工艺、纸质文献主要组成、含铝试剂在纸质文献中的应用,分析了含铝纸质文献的受损机理。高含量的硫酸铝[$Al_2(SO_4)_3$]会明显导致纸质文献的pH值降低,机械强度下降,纸页泛黄。通过对相同pH值(pH = 4.2)的$Al_2(SO_4)_3$溶液处理与硫酸(H_2SO_4)溶液处理的酸化纸进行湿热老化对比研究发现：相同老化条件下,$Al_2(SO_4)_3$溶液处理的酸化纸的机械性能降低更快,其pH降低速率反而更慢,说明$Al_2(SO_4)_3$不仅能通过铝离子(Al^{3+})水解电离出氢离子(H^+)加速纸张纤维酸降解,而且也会在低pH(pH < 4.0)条件下发生明显的Al^{3+}亲电催化降解。这一结论通过模型物——D-纤维二糖的降解机理研究得到进一步验证。基于此,提出含铝纸质文献的防护建议。最后,简单介绍华南理工大学古籍保护与利用研究中心的工作与阶段性进展。

关键词：纸质文献保护；造纸工艺；含铝试剂；纸张降解机理；防护建议

1 纸质文献组成与受损分析

1.1 纸质文献分类

造纸术是我国古代的四大发明之一。纸张自汉代被发明以来,一直

[①] 本文据华南理工大学何贝博士于2020年9月19日在中山大学资讯管理学院40周年院庆系列学术活动之青年学者论坛第四场"科技与传承：新时代古籍保护学科的使命"上的主旨报告整理。

[②] 通讯作者：任俊莉,主要从事老化纸质文献的保护工作。

作为国内外图文信息记录的重要载体，我国历史悠久，纸质文献众多。纸质文献作为历史的重要载体，具有文物收藏、实用研究以及艺术欣赏的价值。按照时间分类，纸质文献可以分为古籍、民国纸质文献以及现代纸质文献，其与我国制浆造纸技术的发展史基本吻合。根据史料记载，我国制浆造纸工艺大致可以分为传统古法造纸、机仿手工纸、酸法机制纸以及碱法机制纸四类（图1）。各时期的制浆造纸工艺的特点与其同时期的纸质文献的存储现状具有极大的相关性。

图1　我国纸质文献与造纸术的发展历程

资料来源：李为. 历史时期中国造纸业的分布与变迁［J］. 地理研究，1983（4）：72－83；耿宁. 中、西古籍修复的比较研究［D］. 合肥：安徽大学，2014；韩海蛟. 产品层次与技术演变［D］. 武汉：华中师范大学，2015.

1.2　传统与现代制浆造纸工艺介绍

纸张作为纸质文献的重要载体，古今不同时期的纸张具有明显的差异性，主要体现在纤维原料、制浆工艺、造纸工艺等三个方面（图2）。

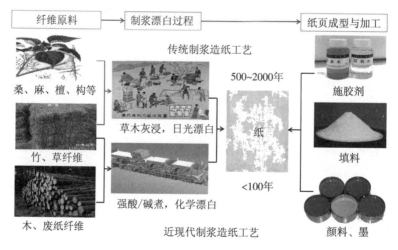

图2　传统与现代制浆造纸工艺的区别

以古法造纸为主的传统制浆造纸工艺，其纤维原料主要来自桑、麻、檀、构等天然植物的韧皮长纤维，优选的部分竹、草料等短纤维也会大量使用；植物纤维用草木灰浸渍后进行蒸煮，然后进行长达半年至三年的曝晒雨淋等自然漂白；在施胶和涂布阶段，外加的化学品如施胶剂、填料、颜料等添加较少。传统制浆造纸全过程处理条件相对温和，对纸张纤维的影响比较小，同时减少了外加化学品的负面影响。因此，传统的纸质文献保存寿命较长，一般为 500～2000 年。

以酸法和碱法机制纸为主的近现代的制浆造纸工艺自清末民初开始从西方引入之后，以大型机器替代人工，造纸效率得到大幅提升，纸张需求量越来越大。机制纸的快速发展扩大了纤维原料的来源，如木材纤维、草料纤维、竹纤维、废纸纤维等，降低了纤维原料的质量；在机器制浆过程中，会使用强酸或强碱对纤维原料进行蒸煮，脱除木质素和部分半纤维素，解离出纤维；在漂白过程中会使用强氧化剂进行漂白，深度脱除木质素，提高纸浆纤维的白度；机械打浆使纤维分丝帚化，同时也进一步缩短了纤维的长度；在造纸湿部阶段添加的施胶剂等化学品增加了纸张性能，在干燥阶段采用高温蒸汽烘干以提高生产效率，在涂布阶段也会添加较多的胶黏剂、填料、颜料等化学品，以提高纸张印刷性能。在近现代的机械法制浆造纸的整个过程中，剧烈的处理条件破坏了纤维素，加入的部分化学品（如硫酸铝 [$Al_2(SO_4)_3$]、酸性松香胶等）会促进纸张纤维降解。因此，近现代纸质文献的寿命普遍较短，很难超过 100 年。

1.3 纸质文献主要组成

纸质文献主要是由纸张构成，其主要成分是纤维素，里面还包含着少量的半纤维素和木质素，在后期印刷加工、书写过程中也会添加少量的施胶剂、填料、颜料、墨等（图3）。

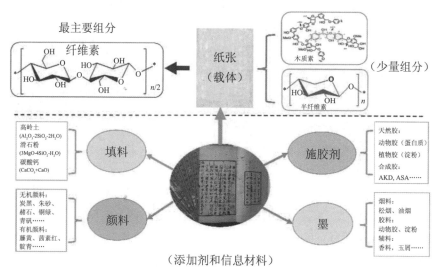

图 3　纸质文献的主要组成成分

造纸使用的纤维素主要来源于天然植物纤维。纤维素是木质纤维素生物质中含量最高的聚合物，占 30%～50%。它是由 D-葡萄糖单元通过 β-1,4 糖苷键连接形成线性的高分子材料，聚合度一般为 300～15000。纤维素的每个 D-葡萄糖单元结构在 2，3，6 位都存在着活性的羟基，纤维素分子间和分子内大量的羟基形成的氢键致使纤维素大分子内包含着大量的结晶区和无定型区，从而提高纤维素性质的稳定性[1,2]。纤维素良好的物理化学稳定性也赋予了纸张较好的耐老化性。因此，纸张自被发明之后便成为信息记载和存储的主要工具。半纤维素是由阿拉伯糖、甘露糖、木糖等不同类型的单糖构成的异质多聚糖，它在不同纤维原料中含量、组成和结构各不相同，不是由一种单糖组成的聚合物，其聚合度较低，为 50～200。因此，半纤维素没有纤维素性质稳定，部分可溶于热水，吸湿性较大，抗酸碱性弱，更易发生氧化反应和质子自催化水解[1,3]。木质素是一种结构非常复杂的化合物，目前一般认为木质素主要是由愈创木基丙烷（G）、紫丁香基丙烷（S）和对羟苯基丙烷（H）三种基本结构单元通过醚键、碳碳键等连接而成的一种三维网状高分子化合物，木质素分子中含有丰富的基团，如苯环、酚羟基、醇羟基、甲氧基、醚键等，这些基团使木质素具有诸如吸收紫外线、抗氧化等一些特殊的性能[4]。因此，有部分观点认为纸张中木质素的存在有利于抑制纸张纤维的老化降解[5]，但木质素本身含有众多羰基及其共轭双键等生色基团，因此，含木质素较多的纸张颜色较深，且更易泛黄[6,7]。

施胶剂和填料的添加是造纸过程中两个常见的处理方式，这有利于提高纸张的抗水性能、强度性能及印刷性能。施胶剂的种类主要包括两类。一类是天然胶料，包括动物胶和植物胶，动物胶主要是由动物组织（骨、肌腱、皮肤等）提取的蛋白质经过改性处理得到；植物胶主要是松香，以明矾作为沉淀剂，依靠六水合铝离子的吸附作用，使带有负电荷的松香吸附在纸张表面，达到提高纸张抗水性和强度性能的目的。另一类是合成胶料，如AKD（烷基烯酮二聚体）和ASA（烯基琥珀酸酐），经与纸张纤维发生化学作用，被固定在纤维表面，其疏水性基团赋予纸张较好的抗水性[8]。纸张加入适量的填料可以改善纸张的物理性能和力学性能，提高纸张的印刷适用性。填料种类很多，包括高岭土（$Al_2O_3 \cdot 2SiO_2 \cdot 2H_2O$）、碳酸钙（$CaCO_3$）、滑石粉（$3MgO \cdot 4SiO_2 \cdot H_2O$）、锌白粉（$ZnO$）和钛白粉（$TiO_2$）等[9]。纸质文献作为历史信息的载体，除了纸张这个基本载体外，字迹、图文信息也十分重要。中国古代印刷用墨分为水墨和油墨两种，一般都包含烟料、胶料和辅料。其中，烟料分别为松烟和油烟，都是部分石墨化的纳米碳颗粒，性质相对较稳定，耐久性较好[10]；胶料有鱼胶、鹿胶、广胶、淀粉等；辅料包括各种香料、药材、玉屑、金箔等[11]。除了墨外，颜料也在中国书画领域占据着重要地位。颜料从化学组成来分，可分为无机颜料和有机颜料两大类，就其来源又可分为天然颜料和合成颜料[12]。天然颜料包括矿物质（如朱砂、赭石、黄丹、胡粉、青矾、铜绿等）、植物质（如藤黄、茜素红、靛青等）、动物质（如胭脂虫红、天然鱼鳞粉等）三种；合成颜料通过人工合成，如钛白、锌钡白、铅铬黄、铁蓝等无机颜料，以及大红粉、偶氮黄、酞菁蓝等有机颜料。这些颜料在酸碱、高温、光照等情况下均能发生不同程度的化学反应，导致颜料褪色变色。

1.4 纸质文献受损原因分析

由于纸张自身特性，除人为的焚毁、损伤外，纸质文献常见的受损方式有酸化、老化、虫蛀、霉蚀等，其受损原因主要分为内因和外因。内因主要是由于纸张内部存在的物质发生氧化降解产生酸性物质和发色团[6,13-14]，外部原因主要是由于虫、鼠、霉侵蚀以及空气污染物的侵蚀[15,16]。内外因共同导致纸张 pH 值降低、纸张变脆、纸页泛黄。

2 含铝纸质文献降解机理研究

从古至今，含铝试剂在纸质文献中得到了广泛的应用。在古代，熟宣的制备需要用到胶矾水进行表面施胶，在修复纸质文献用的浆糊中也会加入部分明矾以起到增强、防虫防霉的效果。在近代的酸法造纸过程中，阴离子松香胶和 $Al_2(SO_4)_3$ 作为常见的浆内施胶剂使用了近百年。另外，部分无机铝盐也可以作为媒染剂进行字画的固色和绘画等[17,18]。经过长期存放，含铝纸质文献会表现出明显的酸化降解现象。当前，我们将含铝纸质文献酸化降解原因主要归因于铝离子（Al^{3+}）水解电离出氢离子（H^+），进一步导致纸张纤维的酸催化降解[19,20]。但是，从生物质催化转化专业角度来分析，目前已有文献报道铝盐能够作为催化剂将低聚纤维素转化为葡萄糖、5-羟甲基糠醛以及乙酰丙酸等小分子[21]。因此，在纸质文献老化过程中是否也存在类似的降解机理，需要我们进一步考证。

2.1 不同 pH 条件下铝盐对纸张纤维降解的影响

为了研究铝盐对纸质文献的降解机理，以 $Al_2(SO_4)_3$ 为例研究了可溶性铝盐本身的性质。查阅文献可知，硫酸铝在不同 pH 条件下以不同的形态存在[20,22,23]。首先对不同 pH 条件下的 $Al_2(SO_4)_3$ 进行 ^{27}Al 的核磁鉴定，实验结果如图 4 所示。当 pH 为 3.5 时，$Al_2(SO_4)_3$ 主要是以 Al^{3+} 和

Al1[Al(H$_2$O)$_6^{3+}$]的形式存在；当pH为4.0时，Al$_2$(SO$_4$)$_3$水溶液中Al^{3+}和Al1的形态明显减少，高分子量的Al$_{30}$([Al$_{30}$O$_8$(OH)$_{56}$(H$_2$O)$_{24}$]$^{18+}$)明显增多；当pH为5.5时，Al$_2$(SO$_4$)$_3$主要是以Al$_{30}$的形态存在于水溶液中，无Al^{3+}和Al1。

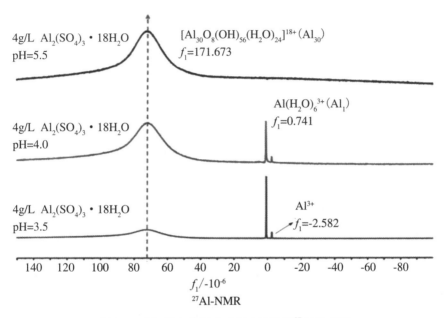

图4 不同pH条件下硫酸铝水溶液的^{27}Al核磁谱

为了研究不同铝的形态对纸张纤维降解的影响，将相同浓度的Al$_2$(SO$_4$)$_3$水溶液分别调节pH值到3.5、4.0和5.5，然后对相同的定量滤纸进行浸渍处理，室温干燥，然后在湿热老化箱中（$T=80\ ℃$，RH=65%）进行0～7天的加速老化实验，通过测试其pH值、色差、机械性能，评估不同铝的形态对纸张纤维降解的影响，结果如图5所示。实验评估结果发现：不同pH的Al$_2$(SO$_4$)$_3$水溶液处理的纸张经过7天的湿热老化处理后，纸张的pH值、色差和机械性能进一步降低。当Al$_2$(SO$_4$)$_3$水溶液的pH等于3.5时，处理后的纸张的pH值从4.2降低到4.0；含铝纸张的强度性能的降低速率最快，湿热老化处理2天后，纸张的耐折度就降为0；纸张的色差增加最快，湿热老化处理2天后，纸张的色差提高到 5.02。随着 $Al_2(SO_4)_3$ 水溶液的 pH 逐渐升高，含铝纸张的 pH 值也不断提高，对应的纸张的色差逐渐减小，其机械强度降解速率也逐渐减小。因此，从上述分析可知，$Al_2(SO_4)_3$ 以 Al^{3+} 的形态为主时，其对纸张纤维降解的影响最大。

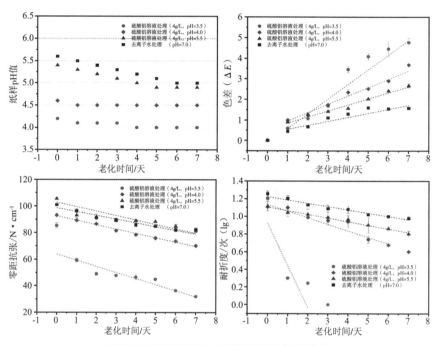

图5 不同铝的形态对纸张纤维降解的影响

2.2 Al^{3+} 对纸张纤维降解的影响

在上述实验中，pH = 3.5 的 $Al_2(SO_4)_3$ 水溶液处理后的纸张中除了 H^+ 的重要影响，Al^{3+} 也是不可忽略的因素。因此，为了排除 H^+ 的影响，在控制纸张 pH 相同的条件下，单独验证 Al^{3+} 对纸张纤维降解的影响。分别将 $Al_2(SO_4)_3$ 水溶液和硫酸（H_2SO_4）溶液处理的纸样（pH = 4.2）进行相同的湿热老化处理，并进行测试评估，结果如图6所示。实验结果发现：在相同的老化条件下，含 Al^{3+} 纸张的 pH 降低的速率较慢，即纸张中 H^+ 的浓度较低；在纸张初始 pH 相同条件下，含 Al^{3+} 的纸张的色差变化更大，其机械性能降更快。该实验结果也能由图7中纸张纤维聚合度及羰基含量的变化得到支撑。综合前面的分析及相关报道的文献[13,14]，可以推测纸张中的Al^{3+}除了水解电离出来的H^+促进纸张纤维素的酸降解外，Al^{3+}本身也能够加速纸张纤维糖苷键断裂，导致纸张纤维聚合度更快降低，新生成大量的还原性末端基进一步被氧化为羰基，进而使纸张色差增大。

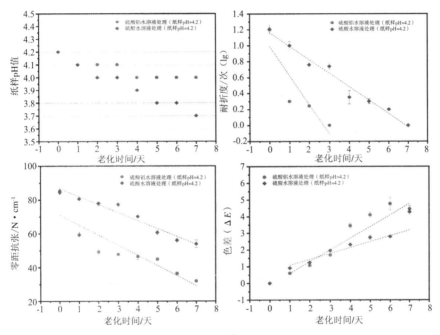

图6　初始pH相同条件下Al^{3+}对纸张纤维降解的影响

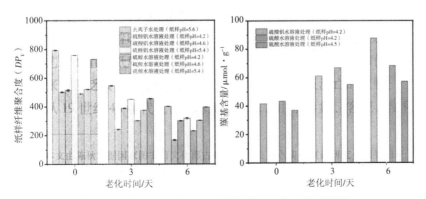

图7　纸张纤维聚合度和羰基含量随老化时间的变化

2.3　Al^{3+} 对纸张纤维作用机理

为了确定 Al^{3+} 对纸张纤维降解的作用机理，我们以 D-纤维二糖为模型物进行进一步实验研究。配制 pH 分别为 3.5、4.0、5.5 相同浓度的 $Al_2(SO_4)_3$/D-纤维二糖和 H_2SO_4/D-纤维二糖水溶液，然后在 150 ℃反应 3 h，利用紫外-可见光分光光度计测定反应溶液中的葡萄糖浓度，结果如图 8 所示。葡萄糖在波长为 382 nm 处有一个特征吸收峰，根据测定等比例的葡萄糖水溶液的吸光度，确定葡萄糖的浓度（C）与吸光度（A）的线性关系：$C = (A + 0.0034)/0.08$，$R^2 = 0.9933$。然后根据反应溶液在 382 nm 处的吸光度计算生成葡萄糖的浓度。在 pH < 4.0 时，$Al_2(SO_4)_3$/D-纤维二糖体系中葡萄糖的浓度明显高于 H_2SO_4/D-纤维二糖体系，且体系 pH 越低，葡萄糖的浓度差越大。该结果进一步表明，Al^{3+} 本身也能够加速纸张纤维糖苷键断裂。

为了进一步确定 Al^{3+} 对纸张纤维降解的作用机制，分别对 $Al_2(SO_4)_3$/D-纤维二糖混合固体粉末和 D-纤维二糖固体粉末进行红外测试，通过半定量分析比较 $Al_2(SO_4)_3$ 的加入对 D-纤维二糖基团的变化来确定 Al^{3+} 对 D-纤维二糖的作用机制。如图 9 所示，$Al_2(SO_4)_3$/D-纤维二糖混合体系和 D-纤维二糖均分别在 3424 和 3370 cm^{-1}、2890 cm^{-1}、1080 和 1050 cm^{-1}、890 cm^{-1} 处展现出羟基（OH）、碳氢键对称伸缩振动（v-C-H）、碳氧键（C-O）和 β-糖苷键的特征吸收峰，无新的吸收峰出现；不同之处在于这些吸收峰的强度发生了变化。为了进一步分析这些基团的变化，以不受影响的 v-C-H 为基准，分别计算其 OH、C-O、β-糖苷键与 v-C-H 的吸收强度的比值，结果如表 1 所示。$Al_2(SO_4)_3$/D-纤维二糖混合体系的 OH、C-O、β-糖苷键与 v-C-H 的吸收强度的比值分别为 1.66、1.48 和 0.96，这说明加入 $Al_2(SO_4)_3$ 后，D-纤维二糖混合体系的 OH 和 C-O 的吸收峰增强，而 β-糖苷键的吸收峰减弱。根据理论分析，这极有可能是由于 $Al_2(SO_4)_3$ 对 D-纤维二糖的 β-糖苷键的 O 原子产生了强的亲电诱导作用，导致 β-糖苷键振动减弱，易于断裂，这与前面的实验分析是吻合的。

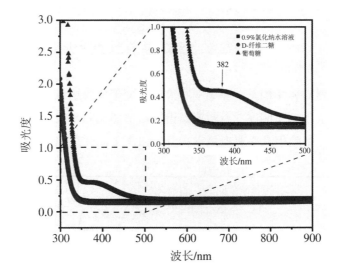

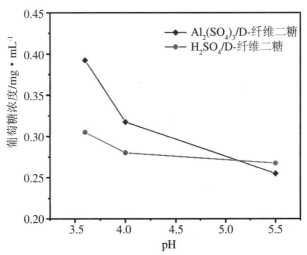

图 8　纸张纤维聚合度和羧基含量随老化时间的变化

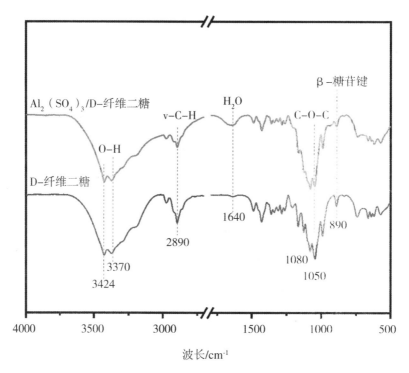

图 9 $Al_2(SO_4)_3$/D-纤维二糖混合粉末和 D-纤维二糖粉末的红外谱

表 1 $Al_2(SO_4)_3$ 的加入对 D-纤维二糖基团的影响

基团吸光度比值	(A3424 + A3370)/A2890	(A1050 + A1080)/A2890	A890/A2890
D-纤维二糖	0.70	0.70	1.25
D-纤维二糖/$Al_2(SO_4)_3$	1.16	1.03	1.21
比值	1.66	1.48	0.96

综上分析，Al^{3+} 诱导纸张纤维降解的具体作用机制如图 10 所示，当纸张的 pH < 7.0 时，Al^{3+} 发生水解反应产生 H^+，促使纸张纤维发生 H^+ 催化水解，纸张内部 H^+ 浓度没有被消耗，反而进一步累计；当纸张的 pH < 4.0 时，Al^{3+} 除了水解产生的 H^+ 促使纸张纤维发生 H^+ 催化水

解外，Al^{3+} 也可以通过自身的亲电催化作用诱导纤维素 β - 糖苷键断裂。

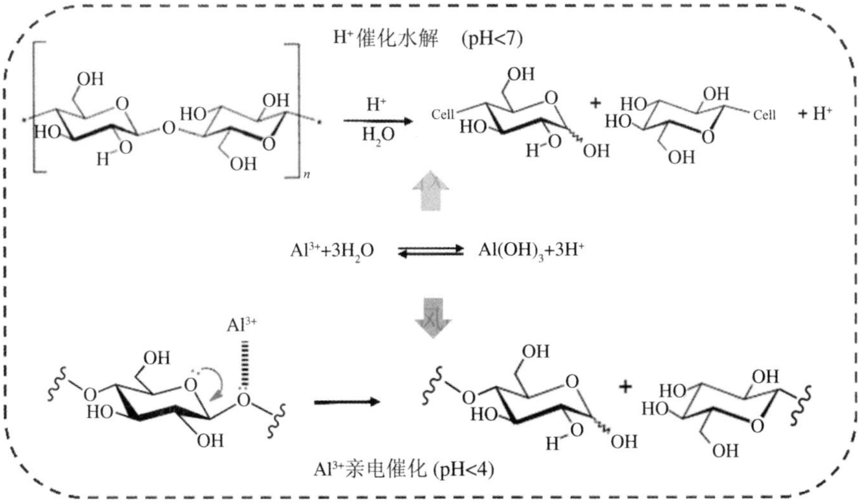

图 10 Al^{3+} 诱导纸张纤维降解的作用机制

2.3 结论及防护建议

综上分析，在含铝纸质文献的老化过程中，在酸性条件下，铝盐可以水解电离出来的 H^+，促进纸张纤维素的酸降解，尤其在 pH < 4.0 的情况下，Al^{3+} 自身也能加速纸张纤维的降解。其最主要原因是在低 pH 条件下，Al^{3+} 具有较强的亲电活性，通过诱导 β - 糖苷键的 O 原子，进而导致纤维素 β - 糖苷键断裂，而且随着纸张 pH 降低，H^+ 诱导的酸催化水解和 Al^{3+} 诱导的亲电催化水解都逐渐增强。

基于前面的研究，我们对于含铝纸质文献的保护给出以下防护策略，尤其对于 pH 低于 4.0 的含铝纸文献应该得到重点的保护。脱酸是一种十分有效的保护方法，一方面可以中和纸制文献中的 H^+，阻断纸张纤维酸水解；另一方面可以改变纸张中铝的存在形态，在中碱性条件下，铝的高分子络合物有利于纸张增强。加入铝离子抑制剂使铝离子失活也是一种可行的方法，但要避免加入的铝离子抑制剂可能带来的危害。另外，在纸质文献修复材料以及纸质材料的制备过程中，应该减少或避免含铝试剂的使用，可研究不含铝且效果优良的纸质文献修复材料代替常用的胶矾水；与Al^{3+}具有类似催化活性的金属离子还有很多，如Fe^{3+}、Cu^{2+}、Mn^{2+}、Zn^{2+}、Cr^{3+}等，也应该避免引入纸质文献中。

3 研究中心介绍——古籍保护与利用

华南理工大学古籍保护与利用研究中心，依托"轻工技术与工程"A+学科成立，也是广州市重点社科研发基地岭南文献保护研究中心。研究中心的定位是研发出具有颠覆性的古籍修复技术与装备。研究团队是以樊慧明教授级高级工程师为主任，包括刘传富、任俊莉、张春辉、付时雨、唐爱民、张宏伟、刘建安、王钦雯等10余名老师。现有参与的硕士、博士研究生共30余人。本研究中心开展的研究方向包括古纸原料与工艺鉴定、结合现代工艺仿制古纸、古籍保护与修复材料研发、古籍修复设备研发、古籍油墨保护与还原等方面，目前已经取得了一定的研究成果。

现阶段取得的研究成果主要包括系列的纸质文献脱酸/增强处理液[24-32]，既有基于雾化处理的有机相脱酸剂，也有涂布处理水相脱酸处理液。研究中心也创新性地研究出了小批量化智能化脱酸增强设备。这种设备采用超声雾化法来处理，同时能够容纳16本书进行脱酸增强处理，整个处理过程中是全智能化的操作。另外，研究中心也研发了可用于丝网印刷的二元或三元脱酸增强修复液，处理之后能达到脱酸的目的，同时对纸张强度有一个大幅度提升。处理之后，能够赋予纸张良好的疏水性，它的油墨密度能够提升，也具有较好的耐老化性。而且，针对研究中心研究的一些脱酸增强化学品，也进行了耐老化评价体系的研究。参照制浆造纸和印刷专业，构建了系统的评估体系指标，也建立了一个完善的评价体系，希望能够对实验室研究的脱酸增强化学品的实用价值进行一个较为准确的评估[33]。研究中心也构建了较为完整的图文质量评估体系，从色密度、色度值等客观的角度进行定量分析，评估化学品的适用范围。

基于专业优势，研究中心针对造纸化学品对纸张的影响也开展了一系列工作。其中包含对含铝施胶剂以及滑石粉填料等对纸张老化的影响，发现这些物质在老化过程中会游离出一定的金属离子如 Al^{3+}，会加速纸张纤维老化。硅酸钠作为一种较好的金属离子抑制剂，能实现较好的抑制纸张老化的效果[31,32]。

此外，研究中心也采用不同的纤维抄片，进行湿热老化，发现纸张纤维经过湿热老化，纸张强度降低。其中，最主要的原因是在湿热老化过程中，纸张纤维的聚合度发生快速降低。另外，草浆纸的耐老化性能是低于针叶木浆、阔叶木浆的，现阶段常用的复印纸是碱性的机制纸，它的耐老化性优于没有添加填料的手抄片[34]。

研究中心还开展了纸质文献的鉴定以及古纸仿制工作，希望能够利用现代的先进分析检测技术手段，对纸质文献的成分进行鉴定，推断其制造工艺。通过仿制出耐老化性较好的纸制品，应用于古籍修复以及未来的文字记录使用。

致谢

感谢广州市科技项目"古籍脱酸增强关键技术与设备研发"（GZDD201808）的支持，以及本研究团队的全体老师和同学的指导与帮助。

参考文献

[1] FERNANDES E M, PIRES R A, MANO J F, et al. Bionanocomposites from lignocellulosic resources: properties, applications and future trends for their use in the biomedical field [J]. Progress in Polymer Science, 2013, 38 (10 – 11): 1415 – 1441.

[2] OH S Y, YOO D I, SHIN Y, et al. Crystalline structure analysis of cellulose treated with sodium hydroxide and carbon dioxide by means of X-ray diffraction and FTIR spectroscopy [J]. Carbohydrate research, 2005, 340 (15): 2376 – 2391.

[3] CHEN H. Chemical composition and structure of natural lignocellulose [M] //Biotechnology of lignocellulose. Dordrecht: Springer, 2014: 25 – 71.

[4] MA Y L, FANG G Z, LI S J. Anti-oxidation of photo-degradation alkali lignin

［C］//Advanced Materials Research. Trans Tech Publications Ltd，2014，838：2379 - 2382.

［5］CARTER H A. The chemistry of paper preservation：part 2：the yellowing of paper and conservation bleaching ［J］. Journal of Chemical Education，1996，73（11）：1068 - 1073.

［6］PAULSSON M，RAGAUSKAS A J. Chemical modification of lignin-rich paper：part 9：effect of dry heat and moist heat on the accelerated yellowing of untreated and acetylated high-yield pulps ［J］. Nordic Pulp & Paper Research Journal，1998，13（3）：191 - 197.

［7］LEARY G J. Recent progress in understanding and inhibiting the light-induced yellowing of mechanical pulps ［J］. Journal of pulp and paper science，1994，20（6）：J154.

［8］凡晓宇. 基于改性纤维素复合纳米碱性金属化合物的纸质文物脱酸加固 ［D］. 西安：陕西师范大学，2018.

［9］祝红丽，陈克复，陈港. 造纸工业用填料的改性及应用 ［J］. 造纸科学与技术，2007（5）：45 - 48.

［10］张宏斌，余辉，唐颐，等. 松烟和油烟的表面化学性质研究 ［J］. 文物保护与考古科学，2018，30（1）：91 - 99.

［11］王伟. 中国传统制墨工艺研究 ［D］. 合肥：中国科学技术大学，2010.

［12］赵维绳. 我国涂料用有机颜料的发展 ［J］. 涂料工业，1981（4）：26 - 30.

［13］BATY J，SINNOTT M L. The kinetics of the spontaneous proton-and Al（Ⅲ）-catalysed hydrolysis of 1，5-anhydrocellobiitol-models for cellulose depolymerisation in paper aging and alkaline pulping，and a benchmark for cellulase efficiency ［J］. Canadian Journal of Chemistry，2005，83（9）：1516 - 1524.

［14］EL-SAIED A H，MOHAMED H，EL-SHERBINY S H，et al. The role of neutral rosin-alum size in the production of permanent paper ［J］. Restaurator，2006，27（2）：67 - 80.

［15］MENART E，BRUIN G D，STRLIČ M. Effects of NO_2，and acetic acid on the stability of historic paper ［J］. Cellulose，2014，21（5）：3701 - 3713.

［16］张美芳，郭莉珠. 纸质档案中霉菌代谢物有机酸的分析研究 ［J］. 中国档案，2002（12）：27 - 28.

［17］王亚龙. 明矾在纸质文物中的应用研究 ［J］. 南方文物，2013（1）：

154 – 156.

[18] 张娟,祁赟鹏,霍一娇,等. Al3 + 对宣纸性能的影响研究[J]. 纸和造纸, 2016,35(7):29 – 31.

[19] 李燕琴. 铝离子对纸张酸化老化的影响及纸张脱酸增强研究[D]. 广州:华南理工大学,2019.

[20] 何秋菊. 古书画施胶剂的作用机理及中性铝盐施胶沉淀剂的研发[D]. 西安:西北大学,2019.

[21] PENG L, LIN L, ZHANG J, et al. Catalytic conversion of cellulose to levulinic acid by metal chlorides[J]. Molecules, 2010, 15(8): 5258 – 5272.

[22] 谢跃生,马建强,莫国炜,等. 铝离子碱滴定曲线的理论计算与水解途径分析[J]. 广西师范学院学报(自然科学版),2007(3):40 – 46.

[23] 朱勇强. 造纸助剂与湿部化学专题讲座(三)——松香施胶过程中的湿部化学[J]. 上海造纸,2003(3):26 – 32.

[24] FAN H, GUO M, MOU H, et al. Extending the durability of old books by atomized deacidification and reinforcement treatments[J]. BioResources, 2020, 15(1): 276 – 289.

[25] FAN H, GUO M, MOU H, et al. Deacidification and reinforcement of old books using sodium carbonate and latex composites[J]. BioResources, 2020, 15(1): 302 – 316.

[26] ZHANG H, LI Y, ZHENG G, et al. Polyacrylamide/halloysite nanotubes composites: preparation and their effect on filled paper[J]. Appita: Technology, Innovation, Manufacturing, Environment, 2018, 71(2): 150 – 156.

[27] ZHANG H, ZHAI P, WANG Q, et al. The effect of aluminum ions on the acidification and aging of paper[J]. IOP Conference Series: Materials Science and Engineering, 2020, 735(1): 012053.

[28] 樊慧明,李嘉禾,牟洪燕,等. 基于超声雾化 $Ca(OH)_2$ 在纸质文物脱酸修复中的研究[J]. 造纸科学与技术,2019,38(2):6 – 10.

[29] 王冉冉,李兵云,樊慧明. 油酸改性纳米 $Mg(OH)_2$ 用于纸张脱酸[J]. 中国造纸,2019,38(9):32 – 37.

[30] 白婵玉,唐爱民,樊慧明. 纳米纤维素/纳米氧化锌对纸质文献脱酸与增强效果的研究[J]. 造纸科学与技术,2020,39(1):11 – 19.

[31] 翟鹏臣,张宏伟. 抑制和延缓旧书籍纸酸化老化的研究[J]. 造纸科学与技

术, 2020, 39 (2): 38-45.

[32] 翟鹏臣, 张宏伟, 李燕琴. 硼砂/PVA 对酸化老化纸张的脱酸增强作用研究 [J]. 造纸科学与技术, 2020, 39 (3): 7-13.

[33] 雍济源. 对标准老化条件下三种脱酸增强剂的抗老化效果的评价 [J]. 造纸科学与技术, 2020, 39 (3): 35-42.

[34] 王冉冉. 湿热老化中纸浆性质的变化规律与脱酸的研究 [D]. 广州: 华南理工大学, 2020.